Roland Tichys Totale
Wende-Jahre: Wohin steuert Deutschland?

In seinen wöchentlichen Kolumnen wirft der Chefredakteur der WirtschaftsWoche regelmäßig ein Schlaglicht auf die aktuellen Ereignisse in Politik und Wirtschaft. Roland Tichys Analysen sind pointiert, messerscharf, teilweise provokant und vor allem: immer lesenswert. Denn sie treffen eine Wahrheit, die über den Tag hinaus reicht. Der nun vorliegende dritte Band setzt sich mit der Frage auseinander, wohin Deutschland aufgrund der Eurokrise und der Energiewende steuert.

Roland
Tichys Totale

Wende-Jahre: Wohin
steuert Deutschland?

Quell Verlag GmbH

Impressum

1. Auflage 2011

© 2011 Quell Verlag GmbH,

Saalgasse 12, 60311 Frankfurt,
T 069 21 99 49 40, F 069 21 99 49 42,
www.quell-online.de, info@quell-online.de

Alle Rechte vorbehalten. Kein Teil des Werkes darf in irgendeiner Form (durch Fotografie, Mikrofilm oder ein anderes Verfahren) ohne schriftliche Genehmigung des Verlages reproduziert oder unter Verwendung elektronischer Systeme verarbeitet, vervielfältigt oder verbreitet werden.

Lektorat: Regina Eisele

Gestaltung: Monika Frei-Herrmann, www.frei-herrmann.de

Autorenfoto: © Heike Rost

Druck und Bindung: Printfinder, www.printfinder.lv

Papier: Munken Print cream, FSC zertifiziert

ISBN 978-3-9812667-6-4

Quell Edition

Inhalt

Vorwort

Kurswechsel im lustigen Raumschiff   7

Neues Deutschland

Berliner Theater   19
Schöner Schein   22
Kranke Kassen   25
Fördern bis zum Umfallen   28
Deutschland: Wirtschaftswunderland   31
Gut gebrüllt Löwe   34

German Angst

Flucht nach vorn   37
Angst vor Aktien   40
Ich weiß was, was du nicht weißt   43
(Kein) Grund zur Panik   46
Alte Gespenster   49

Gegenkultur

Einer ist immer dagegen   53
Von Jasagern zu Neinsagern   56
Keine Alternative?   59
Freiheit als Chance   62

Wertewandel

Konservative ohne Perspektive	65
Unabhängig und frei	68
Quo vadis germania	71

Klimawandel

Verpackungsordnung	75
Das Wünsch-dir-was-Land	78
Rettet die Natur	81
Harte Zeiten für die neuen Helden	84
Im Rückwärtsgang in die Zukunft	87
Gut gemeint, ist nicht gut gemacht	90

Zukunft der Arbeit

Löcher in der Glasdecke	93
Zukunft ohne Arbeit oder Arbeit ohne Zukunft	96
Einwanderersprech	99
Neue (Fach)Kräfte braucht das Land	102
Die Bruttolüge	105

Gute Nachbarn

Trittbrettfahrer	109
Schwarze Schmetterlinge	112
Gefährliche Carepakete	115
Die Bürde der Bürger	118
Das Reich der Mitte	121
Wenn Kühlschränke Kult sind	124
Eurokalyptische Reiter	127

Kurswechsel im lustigen Raumschiff

Meistens ist ja Politik in einer so entwickelten, vermachteten und in ihren Erfolgen festgenagelten Gesellschaft wie Deutschland ziemlich langweilig. Die kleinsten Meinungsverschiedenheiten müssen zu ideologischen Grabenkämpfen aufgeblasen werden, damit die Unique Selling Proposition, oder der sogenannte „Markenkern" der Parteien erkennbar wird. Aber Wirtschaft und Gesellschaft fahren so tief in der Spur alter Gleise, die vor langer Zeit gegraben wurde, dass wirkliche Kurswechsel kaum möglich sind. Das ist der eigentliche Grund, warum so verbissen wie sonst nirgendwo im wohlhabend-behäbigen Stuttgart um einen banalen Bahnhof gestritten werden kann, der in den Tunnel verlegt werden soll; viele Ausländer haben sich gewundert, wie laut der Krach in der Puppenstube werden kann, wenn die Zahnpastatube nicht richtig zugemacht wurde. Im allgemeinen Wut-Schlamassel von Stuttgart wurde eine Landesregierung weggefegt, die Innenstadt bleibt eine große Gleisfläche als Baustelle mit Dauerdemonstration und vermutlich bleibt das auch die nächsten 20 Jahre so – viel Lärm für die Erhaltung alter Gleise.

Es wäre schön, wenn es so weitergehen könnte, finde ich, denn nichts ist ein besserer Wohlstandsindikator wie so ein richtig lauter Streit um den rasenden Stillstand und wenn es ein banaler Bahnhof ist. Aber bedauerlicherweise ist es anders gekommen, und das Jahr mit der banalen Jahreszahl ist zu einer Art Weichenstellungsjahr geworden, und bei historischen Weichenstellungen drohen ja immer die scheußlichsten Entgleisungen.

Und ehe wir es richtig gemerkt haben, wurde aus der 4-Milliarden-Euro-Frage in Stuttgart ein 400-Milliarden-Problem, und somit ein richtiges: Innerhalb weniger Monate hat sich die Summe, für die Deutschland im Rahmen des Euro für die Schulden in Griechenland, Portugal, Italien und Irland bürgt, auf eine nur noch schwer zu erfassende Dimension erhöht. Aber nicht nur um Geld geht es dabei. Tatsächlich steht Europa zur Debatte, jedenfalls in der schönen, kommoden und sympathischen Form, an die wir uns in den vergangenen Jahrzehnten wie selbstverständlich gewöhnt haben: Die Europäische Währungsunion in ihrer bisherigen Form ist gescheitert, weil ihr etwas Entscheidendes fehlt – ein Zusammenwachsen der Wirtschaftsleistung, eine Koordinierung der Haushalts- und Finanzpolitik. Nun kommen als Folge der Fehlkonstruktion auf Deutschland ungeheure finanzielle Lasten zu, die in ihrer Höhe noch gar nicht richtig ins Bewusstsein gekommen sind: Es geht um Transferleistungen in den Süden in der Höhe von mehreren hundert Millionen Euro. Denn der Kern der Verschuldensproblematik ist ja, dass die Konsumausgaben weit höher liegen als die wirtschaftliche Leistungsfähigkeit der betroffenen Volkswirtschaften, deren Politiker jetzt erwarten, dass deutsche Steuerzahler wenigstens einen großen Teil der Lücke schließen. Im Euro-Sprech heißt das „europäische Solidarität". Es soll italienischen und griechischen Arbeitnehmern nicht zugemutet werden, womit sich die Deutschen am eigenen Schopf aus dem Sumpf gezogen haben: Stagnierende und sinkende Löhne über den Zeitraum mindestens eines Jahrzehnts, nur langsame Ausweitung der sozialen Leistungen und Zurückstutzen des schmarotzenden Teil des Staates. Es ist jedenfalls bei keiner einzigen der teuren Maßnahmen im Zuge der diversen Rettungsschirme, bei den geforderten Euro-Bonds oder bei der Schuldenankaufsaktion der Europäischen Zentralbank ersichtlich, welchen Vorteil Deutschland daraus ziehen soll – außer der vagen Erklärung, Deutschland sei der größte Nutznießer des Euro. Doch der Beweis dafür fehlt, und die Schere zwischen dieser vollmundigen Erklärung und der tatsächlichen Zahllast für Deutschland öffnet sich immer weiter, die Begründungen werden immer seltsamer: Alternativlosigkeit ist noch die harmlose Erklärung; der Euro wird zur Frage von Sein oder Nichtsein der europäischen Einigkeit stilisiert, in der schlimmeren Variante der europäischen Entmündigungsrhetorik als Frage von Krieg oder Frieden definiert, um den deutschen Michel zum alternativlosen und unbegrenzten Öffnen seines Geldsäckels zu bringen und endlich, endlich, die Erträge seiner Wirtschaftskompetenz zu vergemeinschaften. Dabei geht es doch, wollte man die Probleme lösen, um viel kleineres Geld. Es geht darum, europaweit eine solide Haushaltsführung zu erzwingen und marktwirtschaftliche Reformen durchzusetzen, die die Länder im globalen Maßstab wieder wettbewerbsfähig machen – es ist ja schwer einzusehen, warum der Urlaub im griechischen Teil der Ägäis um ein Vielfaches teurer sein soll als im selben Wasser der türkischen Küste.

Wird aber der Euro endgültig aus der deutschen Tradition der Bundesbank gelöst und in eine Währung nach Art der italienischen Lira umgebaut, drohen nicht nur massive Transferleistungen, sondern auch der Verlust der Wettbewerbsfähigkeit der deutschen Wirtschaft, die auch auf einer stabilen Währung, angemessenen Zinssätzen und preislicher Stabilität basiert. Und noch ehe es die Deutschen so richtig gemerkt haben, droht mit der Veränderung des bislang stabilen Euros zur Weichwährung auch eine Abwertung breiter Vermögen – Lebensversicherungen und andere geldnahe Formen der Ersparnis werden durch die früher oder später zu erwartende Inflation vernichtet.

Erfolgreich war Deutschland im Jahr 2011 in dieser Frage jedenfalls nicht – der Rücktritt des Bundesbankpräsidenten Axel Weber und des deutschen Chefvolkswirts in der EZB, Jürgen Stark, sind zusammengenommen eher eine Kapitulation vor der Mehrheit der südeuropäischen Länder in den europäischen Gremien, im europäischen Parlament und der Kommission – Institutionen, in denen über Stimmverhältnisse und Abstimmungsregeln dafür gesorgt ist, die nordeuropäischen

Länder in der Minderheit zu halten. Nun wäre es falsch zu glauben, dass dieser Zustand von Dauer sein könnte. Es regt sich Widerstand im Land, und nicht mehr nur die Währung, auch das uns bekannte Europa steht zur Debatte bei der Bevölkerung – kaum im Parlament. Der Ernst der Lage wird durch die politische Lage nicht widergespiegelt. Die Opposition kritisiert nicht die Regierung für ihre falsche Politik, sondern bestärkt sie darin. Opposition durch SPD und Grüne besteht darin, dass sie die Regierung auffordert, deutsche Positionen und Interessen noch schneller und noch tiefgreifender zu räumen.

Die Zahlungen aus der deutschen Kasse können SPD und Grünen nicht hoch genug sein, die Aufgabe stabilitätsorientierter Währungspolitik geht ihnen nicht schnell genug; Eurobonds als ein Instrument der Schuldenmaximierung werden eingefordert. Es ist eine verkehrte Welt, in der das Falsche der Regierung, ihr langsames Nachgeben noch als die solideste Position daher kommt. Es ist geradezu paradox: Nur ein hinhaltender Widerstand der Opposition würde die deutsche Position in Europa stärken, weil so Grenzen gezogen würden, die nicht überschritten werden können; in Berlin aber schubst eine willfährige Opposition geradezu die Regierung in eine Situation, die Deutschland offenkundig und unmittelbar schadet. Die eigentliche Oppositionsarbeit bleibt bei einer kleinen Gruppe tapferer Frauen und Männer aus den Regierungsfraktionen, die sich der Machterhaltungsmaschine der Regierung entgegenstellen.

Dieses Spiel der verkehrten, weil diskussions- und oppositionslosen parlamentarischen Welt wiederholt sich in einer anderen Grundfrage – dem plötzlichen Ausstieg aus der Kernenergie nach dem verheerenden Erdbeben im Pazifik und der damit ausgelösten Riesenwoge, die das japanische Kernkraftwerk Fukushima zerstörte und der Erdbeben- und Tsunamiverwüstung auch noch eine Strahlenkatastrophe hinzufügte. Auch hier konnte es der Opposition nicht schnell genug gehen, wurden parlamentarische Debatte und sachkundiges Hinterfragen der Folgen und Kosten ausgeblendet. Nun gibt es sicherlich ein tiefgehendes Erschrecken über die Konsequenzen der Kernenergie und ihrer Risiken, die möglicherweise eben doch nicht alle vorausbedacht werden können, obwohl dies eine Conditio sine qua non war und ist.

Aber die Folgen des Ausstiegs wurden nicht bedacht; mit Hilfe einer Ethik-Komission gelang es vielmehr, abweichende Meinungen als unethisch zu diskreditieren. So schafft man Mehrheiten – aber löst keine Probleme. Die zeigen sich in den Monaten nach dem Raus, dem kein adäquates Rein folgte. Beispiel 1: Die hochgelobten erneuerbaren Energien sind alles andere als ökologisch verträglich. In Deutschland wächst seither die Wüste der Öko-Agrarindustrie; in den vergangenen Jahrzehnten für die Natur zurückgewonnene Brachflächen werden zu Maisplantagen; Raps und Getreide wandern in den Tank und Biogasreaktor; die Ökoindustrialisierung verändert die verbliebene Naturlandschaft schneller als jede Agrar- oder Industrialisierung davor.

Wir retten die Korallenriffe der Weltmeere und zerstören den letzten freifließenden Fluss und verbauen den letzten freien Blick über die Mittelgebirge oder den Küstenhorizont.

Beispiel 2: Die schnell steigenden Preise veranlassen die produzierende Industrie flächendeckend, Investitionsvorhaben in energiefreundlichere Länder zu verlagern. Darüber wird nicht laut geredet.

Es ist zu einer erstaunlichen Sprachlosigkeit zwischen Wirtschaft und Politik gekommen. Einwände aus der wirtschaftlichen Provinz stören die Spin-Doktoren der öffentlichen Meinung in Berlin. Die Hoffnung, die Energiewende würde neue Arbeitsplätze schaffen, enttarnt sich als Irrlehre: Gerade zerbricht die grüne Vorzeigebranche, die Solarindustrie, trotz mehr als hundert Milliarden von Fördergeldern im Wettbewerb mit der schnelleren und technologisch fixeren Industrie aus China und den USA. Ja, es gibt neue Erfindungen und Verfahren, um den Energieverbrauch zu senken. Aber ihr Einsatz dauert, der Aufwand ist enorm, und der Zeitpunkt der Marktreife liegt meist hinter dem Horizont. Es ist überraschend, wie leichtfertig hier Ideen für die Tat genommen werden. Daher lautet das paradoxe Ergebnis der Energiewende: Der Anteil des Atomstroms hat sich kaum reduziert, nur dass er aus Frankreich und Tschechien importiert werden muss; und in ihrer Not lässt die Bundesnetzagentur uralte, längst ausgemusterte Kohle- und Ölkraftwerke wieder anheizen. Trotz steigender Subventionen für erneuerbare

Energien ist das Atomausstiegsprogramm de facto eine Rückkehr zur Kohleverstromung und die CO_2-Bilanz erschreckend: Die mühsam eingesparte CO_2-Menge der vergangenen Jahre wird durch das rapide beschleunigte Wachstum der Kohleverbrennung schnell wieder aufgeholt. Seltsam: Noch im Jahre des Herren 2010 galt die Klimafrage als die Allesentscheidende; heute wird gehandelt, als habe es die Diskussion um Klimaerwärmung nie gegeben. Das zerstört die Glaubwürdigkeit der Politik nachhaltig. So ändert sich eben der lautstark vorgetragene Diskurs, und wer zurückbleibt, reibt sich verwundert die Augen: War da was? Geht alles so einfach?

Geht es nicht. Die Bundesregierung reagiert hilflos auf die Verwerfungen der selbst angerührten Energiepolitik und ihrer Widersprüche und schüttet immer neue Subventionen in den Energiemarkt, als gebe es Schuldenbremsen für diesen Teil des Handelns nicht: Nun sollen große Stromverbraucher mit künstlich verbilligten Energiepreisen im Land gehalten, Gaskraftwerke künstlich subventioniert werden; es regnet Geld aus der Staatskasse auf jede Form der Energiegewinnung. Aber mit jeder der so bezahlten Reparaturen entsteht an anderer Stelle neuer Reparaturbedarf. Auch die Europäische Union geht mit den Deutschen ins Gericht – sie gefährden die Versorgungssicherheit in Europa, treiben die Strompreise auch in Schweden, betonieren die Fjord-Landschaft in Norwegen und finanzieren die Braunkohleverstromung in Tschechien – die ursprünglich für das Waldsterben in den bayerischen Grenzwäldern verantwortlich gemacht wurde. Aber so ist das eben, wenn sprunghaftes Handeln an die Stelle langfristiger Strategien tritt.

Aber so ist das Jahr 2011 – mit dem Euro kam ein Problem über die Deutschen und mit der Energiepolitik haben sie sich selbst eines geschaffen, und die Folgen sind andere, schlimmere als ursprünglich erhofft.

In beiden Fällen fällt auf: Viele politisch engagierte Menschen fühlen sich von dieser Art der Politik abgestoßen. Sie spüren, dass konservative Wähler der CDU eigentlich nur noch peinlich sind, weil die Führung der CDU lieber von den urban-modernen Milieus der Universitätsstädte gewählt werden möchte statt von älteren Menschen mit kirchlicher Bindung. Die SPD hat sich mit den künftigen Arbeitsplatzverlusten noch gar nicht auseinander gesetzt; sie tut, als ob die europäische Umverteilungspumpe allein aus einer Art Reichensteuer finanziert werden könnte und verkennt, dass ihre Wähler, Arbeitnehmer, Inhaber von Lebensversicherungsverträgen und dem einen oder anderen Sparbuch, durch diese Politik am härtesten getroffen sind, während die Wohlhabenden längst ihre Anlagen diversifiziert haben.

Die Wahlbeteiligung sinkt. In Mecklenburg-Vorpommern sind nur noch 51,4 Prozent der Wähler überhaupt ins Wahllokal gegangen; davon haben 6 Prozent der NPD und 18,4 Prozent der Linken ihre Stimmen gegeben. Nun sind NPD und Linke höchst unterschiedlich, aber in einem ähnlich: Nur sehr angestrengt gelingt es ihnen, ihren eigentlichen undemokratischen Kern zu kaschieren, wie die peinliche Lobhudelei der Linken zum Geburtstag des Menschenschinders Fidel Castro blitzlichtartig gezeigt hat. Zieht man von der knappen Mehrheit der Noch-Wähler die Un-Demokraten ab, haben letztlich in MeckPom nur noch ein Viertel der Bürger demokratische Parteien gewählt. Das Unbehagen mit der Politik, die vieles verspricht aber wenig hält und noch weniger argumentiert, wächst. Früher zogen die Unpolitischen aus der Politik aus – jetzt sind es die Politischen. Sie fühlen sich nicht mehr als Akteure, sondern als Kaninchen in den Fängen einer entfesselten Politik. Es ist eine Politik, die sich in wiedergewonnenen Allmachtsphantasien suhlt und dabei die Wirklichkeit aus den Augen verliert. Es ist der urdeutsche Irrglaube, dass der Bürgermeister von Schilda am besten wisse, was jenseits seines Kirchturmhorizonts geschieht. Das lustige Raumschiff Berlin mit seinen medialen Stimmungskanonen an Bord hat abgehoben und den Funkkontakt zur Wirklichkeit verloren. Man wundert sich, mit welchem irrwitzigen Mitteleinsatz der Euro als Projekt der politischen Eliten verteidigt wird – gegen die Marktkräfte, die kühl die nicht mehr tragbare Verschuldung der Staaten in ihre Zinssätze einrechnet.

Es ist kaum zu glauben, wie mit der Energiepolitik dilettiert wird, als ob es hier nicht um einen der zentralen Standortfaktoren ginge. Mir scheint, die Deutschen haben in den wenigen Wochen, in denen sie sich wirtschaftlich unbesiegbar fühlten, wie aus Übermut eine der Grundlagen ihres Wohlstands aufs Spiel gesetzt.

Eine Gegenwelt ist entstanden: Die Hofhaltung der Bundesregierung im wirtschaftsfernen Berlin, der wachsende moderne Hofstaat aus Lobbyisten, Verbindungsbüros, Hofberichterstattern und Schickimickis im Dunstkreis von Macht und innerhalb ständiger Reichweite von Gratis-Fingerfood sorgen für eine unkritische Debattenkultur, gegenseitige Selbstbestätigung und wachsende Subventionen für alle diejenigen, die öffentliche Alimentierung mit Arbeit gleichsetzen.

Das ist ein kritischer Befund für ein Land, das aus einem Konjunkturwunderjahr innerhalb weniger Monate in das Jahr des Katzenjammers umschwenkt. Das lässt erwarten, dass auch das kommende Jahr spannend wird. Denn das Schöne ist: Es gibt ja auch Gegenkräfte, die korrigierend wirken.

Und: Morgen geht die Sonne wieder auf. Die Deutschen haben immer wieder gezeigt, wie sehr sie in der Lage sind, aus einer verfahrenen Situation das Beste zu machen. Die Deutschen meckern gern, und Weltmeister im Jammern sind wir sowieso. Aber nehmen wir das als Stärke: Wir paniken uns zu neuen Lösungen. Wir geben uns nicht zufrieden, bis wir nicht alles perfektioniert haben, so wurden wir zu den Erfindern der weltbesten Kuckucksuhr und so machen wir weiter, immer weiter. So wird es auch im kommenden Jahr sein. Es wird jedenfalls eines sein, das die Fehler des vorhergehenden sehr mühsam wird korrigieren müssen. Schauen wir es uns an, wie das lustige Raumschiff wieder Kurs auf die Wirklichkeit nimmt.

Berliner Theater

Vorhang zu und alle Fragen offen

Ach, was leben wir doch in aufregenden Zeiten. Der Bundesverteidigungsminister wurde ertappt, dass er bei seiner Dissertation kräftig geschwindelt hat. Das war ja auch wirklich wichtiger als seine Bundeswehrreform, die möglicherweise die Funktionsfähigkeit der Armee infrage stellt. Bundesregierung, Bundesverfassungsgericht, Bundestag und Bundesrat ringen seit über einem Jahr darum, welcher denn nun der richtige Berechnungsweg für die Hartz-IV-Unterstützung ist und ob 4,7 Millionen Hilfeempfänger nun acht Euro im Monat statt fünf Euro zusätzlich bekommen sollten. Während also mit großem Getöse Nichtigkeiten verhandelt werden, verschwinden durch die Hintertür rund 345 Milliarden Euro, die die Bundesregierung als Haftungssumme für den Euro zugesagt hat; möglicherweise sind es sogar 700 Milliarden, weil die Bundesbank riesige Dispokredite an andere Notenbanken im Euro-Raum vergeben musste. Ohne große öffentliche Aufmerksamkeit hat die Bundesregierung einer Ausweitung der Rettungspakete für Länder wie Griechenland, Irland und Portugal zugestimmt. Weil der notwendige Sparkurs diese Länder überfordert, muss die Rückzahlung nun im Wesentlichen von den Deutschen übernommen werden. Vergessen Sie bitte die wohlfeilen Erklärungen, dass Bürgschaften nicht fällig werden oder dass diese nur zeitlich befristet seien. Tatsächlich geht es um die Etablierung einer gigantischen Umverteilungspumpe zulasten Deutschlands. Dies im Blick, ist Bundesbank-Präsident Axel Weber zurückgetreten. Er wurde durch Jens Weidmann, einen freundlichen jungen Mann aus der unmittelbaren Umgebung der Bundeskanzlerin, ersetzt. Hier droht keine Gefahr machohaften Polterns mehr, wenn die Bundesregierung umsetzt und die Bundesbank abnickt, was Jens Weidmann vorgedacht hat: die Euro-Umverteilung.

Um die Relationen zu verdeutlichen: Die Halbierung der Bundeswehr wurde notwendig, weil acht Milliarden Euro eingespart werden sollen. Das ist gut ein Prozent der Summe, die wir für die europäische Umverteilung bereitgestellt haben. Die Erhöhung der Hartz-IV-Regelsätze auf acht Euro würde uns mit schätzungsweise mehr als 160 Millionen im Jahr belasten, das verliert sich bei den Euro-Milliarden hinter dem Komma. Da zanken in Berlin Regierung und Opposition also um Minibeträge, während die finanz- und stabilitätspolitischen Fundamente zerstört werden und an Schuldenbremse und Parlament vorbei gigantische Milliardensummen vergeben werden, die unseren heutigen Wohlstand gefährden und viele zukünftige Generationen belasten.

Die Opposition ist ein Totalausfall. SPD und Grüne kritisieren die Bundesregierung nur dafür, dass sie die Hilfen nicht noch schneller und nicht noch umfangreicher in Gang gesetzt habe. Frank-Walter Steinmeier und Sigmar Gabriel, Claudia Roth und Jürgen Trittin werden dröhnende Reden halten, dass man dieses Ergebnis schon vor einem Jahr hätte haben können. Nach der Erregung für die Kameras werden aber alle brav die Hände heben und den Garantien zustimmen und sich ganz toll fühlen: Sie haben Europa gerettet. Dabei wird der Bundestag abermals seine Selbstentmachtung vorführen. Nun dürfen wir also erneut die Erklärung entgegennehmen, auch diese Milliarden seien „alternativlos". Ich werde nicht müde, die Bundeskanzlerin dafür zu loben, dass sie wenigstens herumverhandelt, um eine Verzögerung zu erwirken. Aber warum sich aufregen? Wir freuen uns auf das nächste Spektakel im Reichstag, etwa zum Thema Hartz-IV-Regelsätze. So ein Theater braucht man, um darüber hinwegzukommen, dass dieses Parlament sich selbst aufgegeben hat – und die Regierung zu Hause spart, um in Brüssel die Rechnung zahlen zu können.

19.02.2011

Schöner Schein
Leben auf Kosten anderer

Die Schlange bewegt sich vom Schlusslicht her: Berlin und Brandenburg weisen in vielen wirtschaftsrelevanten Bereichen die höchsten Zuwachsraten der deutschen Bundesländer aus – nachdem die Hauptstadt und ihr Umland lange die magerste wirtschaftliche Entwicklung zeigten. Zusammen sind sie unwiderstehlich. Glamour und Glanz Berlins amalgieren mit billigen Gewerbeflächen und Gewerbesteuern in Brandenburg zu einer Erfolgsmischung. Wer in Berlin was geworden ist, zieht nach Potsdam, um mit Blick auf die Havel und dem Rücken zu den Plattenbauten ein neues bürgerliches Arkadien zu pflegen. Es ist ein Erfolg, der einer zunächst gescheiterten Länderreform neuen Schwung geben könnte. Denn im Westen gibt es mit dem Saarland, mit Rheinland-Pfalz und Bremen noch weitere, die allein zu klein sind, um mit den Großen mithalten zu können. Die Dynamik in und um Berlin herum ist teuer erkauft: Es gibt wohl sonst keinen Fleck auf Erden, auf dem so viele Hubschrauber so viel Geld herabregnen lassen. Allein im Rahmen des Länderfinanzausgleichs fließen 3,4 Milliarden Euro zu; so viel zahlt allein Bayern ein.

Diese Mittel wiederum fehlen, wenn es um die Weiterentwicklung der bayrischen Problemzonen im dortigen Nordosten geht. Der Streit um den Länderfinanzausgleich würde eskalieren, wenn den Bayern bewusst wäre, dass ihr Freistaat solo in der EU von der Größe her in der Mitte, aber beim Wohlstand an der Spitze stünde.

Die Milliarden aus Bayern sind aber nur ein Teil der Unterstützung für die Hauptstadtregion. Langsam entfaltet die Bündelung von Wissenschaft und Forschung ihre Arbeitsmarktwirkung. Die Hofhaltung der Bundesregierung, der wachsende moderne Hofstaat aus Lobbyisten, Verbindungsbüros, Hofberichterstattern und Schickimickis im Dunstkreis von Macht und in ständiger Reichweite von Gratis-Fingerfood – die Zentralisierung von bislang über Deutschland verteilten Funktionen ist ein gigantisches Konjunkturprogramm und sorgt für warmen Geldregen über all den Lebenskünstlern, die öffentliche Alimentierung mit Arbeit gleichsetzen. Je eifriger der Staat sich in die Wirtschaft einmischt und je üppiger die Subventionsquellen sprudeln, umso mehr wird die Nähe zur Macht und die korrumpierende Reibungswärme zum Standortvorteil.

Jenseits der dynamischen Quartiere um die neuen Adelspaläste meist zugezogener Funktionäre in Berlin-Mitte und den gentrifizierten und luxussanierten Vierteln im Osten aber leidet Berlin nach wie vor unter Spannungen, die die Stadt sozial explodieren lassen: Die höchste Arbeitslosenquote, die meisten Hartz-IV-Empfänger, die meisten Straftaten und gleichzeitig eine der niedrigsten Aufklärungsquoten sowie die niedrigste Investitionsquote im Haushalt im Bundesvergleich dokumentieren ein groteskes Versagen der Politik. Das Wegschauen der Polizei bei Drogendelikten in Promilokalen, wenn Autos abgefackelt werden und bei Gewalttaten im Migrationsmilieu Berlins korrespondiert mit der Angst dunkelhäutiger Menschen, die gezwungen sind, in Brandenburg zu leben. Mittlerweile werden in Schöneberg Schwule von arabischen Jugendlichen gejagt, wie im Osten „Fidschis" von jungen Rechtsradikalen bedroht werden. Diese Zuspitzung der sozialen Konflikte wird mit der Formel „arm, aber sexy" verschleiert und von einer lokalpatriotischen Medienindustrie verschwiegen. In diesem neuen Deutschland stellt sich die Frage nach Visionen auch für andere Regionen. Dass Nordrhein-Westfalen durchweg nur unterdurchschnittliche Werte erzielt, ist erschütternd – es ist das bevölkerungsreichste Land. Die Düsseldorfer Landesregierung ist bislang dazu stumm geblieben. So wird man Schlusslicht.

04.09.2010

Kranke Kassen
Vom Gau der Gesundheitsreform

Dass das System der gesetzlichen Krankenversicherung chronisch krank ist, ist keine überraschende Nachricht. Neu ist aber, dass nach dem Schicksal der City BKK nun eine Kettenreaktion droht, die Krankenkassen zu Dutzenden in die Pleite oder in die Zwangsfusion treibt. Die drohenden chaotischen Verhältnisse in einem der zentralen Bereiche der gesellschaftlichen Daseinsvorsorge sind Folge der Gesundheitsreform der großen Koalition und von ihren Schöpfern nicht ganz ungewollt: Seit 2009 erhält jede Krankenkasse eine pauschale Zuweisung von durchschnittlich 170 Euro im Monat je Versicherten. Reicht das Geld nicht, müssen Zusatzbeiträge erhoben werden. War ursprünglich nur von acht Euro monatlich die Rede, geht es jetzt um bis zu 74 Euro. Dieser Vorgang legt offen, wie unterschiedlich stark die Kassen sind. Jeder Kassenmanager weiß: Erhöht er den Zusatzbetrag, fliehen die Versicherten zu preiswerteren Kassen. Wer also als Erster erhöht, wird vom Markt gefegt. Seither spielen die Kassenmanager Beamten-Mikado: Sie halten still, denn wer sich als Erster bewegt, hat verloren. Nach außen wird die Fassade aufrechterhalten – aber im Inneren wird eine Kasse nach der anderen marode und schleichend zahlungsunfähig. Das hat mittlerweile einen Umfang erreicht, dass auch die gegenseitigen Haftungssysteme, die wie bei den Banken die Versicherten vor der Pleite ihrer Kasse schützen sollen, gefährdet sind: Es geht einfach um zu hohe Beträge. Zwar sieht der Gesetzgeber vor, dass jeder Versicherte jederzeit zu einer anderen Kasse wechseln kann. Aber längst verhalten sich die Träger des solidarischen Gesundheitssystems so, wie man es sonst nur den Erzkapitalisten vorwirft: Sie versuchen, Risikogruppen abzuwimmeln. Sie reden von Solidarität – und lassen die weniger Fixen, die Alten und Kranken am Rande liegen. Denn im bestehenden System können neue Versicherte den Pleitevirus in die Kassen einschleppen, deren wirtschaftliches Immunsystem ohnehin schwer angeschlagen ist.

Erstaunlich ist, dass die heimliche Auszehrung so lange unbemerkt bleiben konnte. Schließlich sind es ja die Sozialpolitiker aller Parteien, die sonst in jeder Talkshow mahnend jeden tatsächlichen oder erfundenen Missstand anprangern. Aber den öffentlich-rechtlich organisierten Kassen ist erlaubt, was den Geschäftsführer jeder kleinen GmbH sofort hinter Gitter bringen würde: tarnen, täuschen, tricksen. Privatwirtschaftliche Bilanzierungs- und Veröffentlichungspflichten gelten nicht. Blind, taub und sprachlos, wir kennen das ja von der Bankenkrise, ist die Versicherungsaufsicht, die sich hinter inhaltsleeren Rechtfertigungen verschanzt. Und noch eine Parallele zur Finanzkrise drängt sich auf, diesmal im staatlichen Versicherungssystem: Es wird schon alles gut gehen, sagen die Manager, denn viele der Katastrophenkassen sind „too big to fail". Sie vertrauen einfach darauf, dass sie der Steuerzahler mit Milliarden schon rauskauft. Dann wird wieder von Solidarität geredet, obwohl es nur um Misswirtschaft geht.

28.05.2011

Fördern bis zum Umfallen
Wie die Marktwirtschaft korrumpiert wird

Eigentlich wurde die schwarz-gelbe Bundesregierung dafür gewählt, dass sie Subventionen abbaut und die Marktwirtschaft stärkt. Tatsächlich gab es noch keine Bundesregierung, die derart gegen ihre eigenen Ziele verstößt. Die nackten Zahlen sprechen für sich: Auf fast 180 Milliarden Euro klettern in diesem Jahr die Subventionen – ein historischer Rekordwert. Verschenkt wurden damit alle Anstrengungen aller Bundesregierungen seit Helmut Schmidt, die versuchten, schädliche Subventionen abzubauen. Wie in einem historischen Remake lässt sich beobachten, wie fatal die wortreich begründete Subventionspolitik wirkt: Mit der Mehrwertsteuer-Reduzierung für Hoteliers hat es begonnen. Mittlerweile ist die Liste der nehmenden Hände zu lang für diese Kolumne. Denn klar ist: Wenn der Staat erst anfängt, dem einen zu helfen, kann er dem Nächsten Hilfe kaum abschlagen. Offshore-Windanlagen erhalten Kredit und Landärzte Zuschüsse für Büromöbel. Aber teuer sind nicht die Kleinen. Die Autoindustrie schlägt ein paar Milliarden heraus für das Elektroauto, die Chemieindustrie für die dazu passenden Batterien. Jede

Subvention erzwingt die nächste, weil sich "die Interessenten rasch an diese Nachhilfe gewöhnen", formulierte Alexander Rüstow schon 1932 im Vorgänger der WirschaftsWoche, dem "Volkswirt". Erst werden Windräder und Solardächer gefördert – und weil Wind und Sonne eher unregelmäßig Strom erzeugen, brauchen auch die dazugehörigen Gaskraftwerke Zuschuss. Mit Staatsknete wird jede große Idee in Windeseile zum Arbeitsbeschaffungsprogramm für Lobbyisten. Das alles war bekannt – die Folgen der Staatswirtschaft haben sich in der DDR gut beobachten lassen. In den Siebzigerjahren waren es die höchstsubventionierten Computer und Atomkraftwerke von Siemens, die Deutschland an die Weltspitze katapultieren sollten – ein teurer Irrweg. Heute ist die Solarindustrie am fettesten gepäppelt – und doch machen Chinesen und Amerikaner das Rennen. Wirtschaftlichen Erfolg kann der Staat nicht kaufen. Aber in der Finanzkrise wurde die bis dahin eherne Regel ausgesetzt: dass der Staat sich raushalten soll aus der Wirtschaft. Seither gefallen sich Politiker wieder in der Sonne ihrer Gestaltungskraft und steuern, lenken und dirigieren. Die unsichtbar wirkende Hand des Marktes wird ersetzt durch das Primat der Politik, hinter dem sich dann doch nur irgendeine Bürokratie der Planung, Lenkung und Verschwendung verbirgt. So wurden die Bastionen zur Verteidigung der Marktwirtschaft geschleift: Das Wirtschaftsministerium ist ein Durchlauferhitzer für Minister-Lehrlinge, mal darf die CSU üben, mal die FDP. Die Bundesbank wurde zur Zweigstelle der mit anderen Problemen überhäuften Europäischen Zentralbank degradiert; an den Universitäten die Lehrstühle für Wirtschaftspolitik abgeschafft zugunsten weltferner Professuren, in denen gescheiterte Mathematiker Ersatzarbeitsplätze erhalten. Auch die Wirtschaft wurde korrumpiert – jeder klatscht Beifall, wenn er nur auch etwas in Aussicht hat. Noch nie kämpften Verbände um die reine Lehre. Doch lange war Konsens, dass man die marktwirtschaftliche Ordnung nicht total beschädigen darf. Vorbei – rücksichtslos fetzen die Berliner Verbandsfunktionäre immer neue Stücke vom Gemeinwohl für ihre Klientel heraus, und statt dies abzuwehren, folgt die Wirtschaftspolitik der Regel: "Wer hat noch nicht, wer will noch mal?" Das Ende ist absehbar: Schon heute erreicht die Staatsverschuldung Rekordwerte, können die Sozialkassen nur noch zahlen, weil man in die Kasse greift, die zufällig gerade am wenigsten pleite ist. Jedes der neuen Subventionsprogramme hat eine Ausgabensteigerung eingebaut. Wenn mal die Wirtschaft nicht mehr brummt, kracht die Finanzierung wie Griechenlands Haushalt und höhere Steuern drohen.

Der "Staat als Beute" der Lobbyisten und Abkassierer (Rüstow) verliert Gestaltungskraft statt zu gewinnen. Vergessen ist der Rat Rüstows: "Brauchst du eine hilfreiche Hand, so suche sie zunächst am Ende deines rechten Arms."

18.06.2011

Wirtschaftswunderland Deutschland
Neue Chancen und alte Ängste

Eine so rasante Wirtschaftserholung war vor einem Jahr kaum zu erwarten. Die Arbeitslosigkeit sinkt, Lohnsteigerungen werden vorgezogen, Zuversicht hat die Einkaufstüten so prall gefüllt wie die Auftragsbücher in fast allen Branchen – selbst die Autoindustrie, die mit ihren schweren Kisten ja angeblich am globalen Markt vorbei produziert, schiebt Sonderschichten Es ist, als ob das Land nach Jahren der Trübsinnigkeit und Selbstzweifel neues Selbstbewusstsein gefunden, sich in der Krise des Jahres 2008 neu erfunden hätte – eine Art Wirtschaftswunder 2.0. Vor einem Jahr hat sich zwar der Aufschwung schon gezeigt – aber „zittrig, schwungvoll geht anders", stand damals an dieser Stelle. Doch spätestens seit Sommer 2010 ist er da, der Schwung; Wachstumsraten werden monatlich nach oben auf bis zu 3,8 Prozent korrigiert. Wie aus einem Lehrbuch vergangener Wirtschaftswunderjahre war es zunächst der Export, der die deutsche Konjunktur angetrieben hat. Doch mittlerweile steigt die Nachfrage nach Investitionsgütern, weil Fabrikationsanlagen erweitert werden. In den vollen Fußgängerzonen drängt sich das lange verpönte Wort vom Konsumrausch auf, und man gönnt es den Menschen nach zehn Jahren sinkender Reallöhne. Die Sprecher der Handelsverbände müssen sich sehr anstrengen, ihr freudiges Gesicht hinter der berufsüblichen Klagemiene des Kaufmanns zu verstecken. Der Aufschwung nährt sich selbst, er wird selbsttragend, wie es in den Sprachschablonen der Konjunkturforscher heißt.

Pflichtgemäß kritisch stellt sich da die Frage: Was ist da eigentlich passiert, wer hat den Schalter nicht nur gefunden, sondern auch noch gleich umgelegt in die Position „Wachstum"? War es Gerhard Schröder mit seiner im Ergebnis sehr erstaunlichen Flexibilisierung des Arbeitsmarkts oder Schwarz-Rot mit Abwrackprämie, Konjunkturprogramm und Kurzarbeitergeld oder doch die schwarz-gelbe Koalition der Zänkereien? Der Erfolg hat viele Väter, nur der Misserfolg ist ein Waisenkind. Wirtschaftsforscher Hans-Werner Sinn arbeitet einen ungewollten Erfolgsfaktor heraus – mit der Einführung des Euro vor zehn Jahren begann für Deutschland eine Leidensgeschichte. Kapital floss ins europäische Ausland oder in den amerikanischen Häusermarkt. Neuerdings sucht ein Teil der Mittel wieder nach Investitionsmöglichkeiten in Deutschland. Das Land in der Mitte Europas hat die durch den Euro ausgelöste Anpassungskrise, hat lange Arbeitslosigkeit und Verteilungskonflikte nicht nur überstanden, sondern sogar produktiv zu nutzen gewusst. Wenn es so bliebe, könnte das alte Jahr eine Reihe wirtschaftlich guter Jahre einläuten.

Fragezeichen bleiben. Das Wirtschaftswunder einiger europäischer Partnerländer stellt sich als kreditfinanziert heraus. Der andauernde Konflikt um den Euro ist auch ein europäischer Verteilungs- und Machtkonflikt: Anfangs schien es aus europäischer Sicht gut zu laufen, weil Deutschland durch den Euro eingehegt, gezähmt schien. Jetzt erwachen wieder die Ängste vor diesem Riesen, der in der Vergangenheit meist ziemlich aggressiv geworden ist, wenn er sich aufgerappelt hat.

Hoppla, wir sind wieder wer! Die Selbstbescheidenheit der Nachkriegsgeneration passt nicht mehr zum Habitus einer wachsenden Geschichtsvergessenheit. Den Volksparteien läuft das Volk weg, das sich durch das Verschleppen offenkundiger Missstände und das Wegducken nicht mehr vertreten fühlt. Die Sarrazin-Debatte, aber auch Stuttgart 21 und die Euro-Debatte zeigen den eklatanten Kontrast zwischen von Berlin verklärter und vor Ort erlebter Wirklichkeit. Die Modernisierungswoge erzeugt Gegenkräfte, weil das Gewohnte, Sichere abhandenkommt und eine mentale Unbehaustheit entsteht. Machen wir das Beste daraus.

23.12.2010

Gut gebrüllt Löwe
Vom Parteigezänk im Berliner Polittheater

Was sind das für politische Zeiten: Der Verteidigungsminister geht stiften, der Umweltminister muss für einen Benzingipfel seinen Urlaub unterbrechen, der neue Innenminister polarisiert die Gesellschaft, weil er nicht gleich auf Samtpfoten durch die Moschee schleicht. Wir leben in einem Land der medialen Dauererregung: getürkte Doktorarbeit reißen die bürgerliche Werteordnung in einen apokalyptischen Strudel; wenn die Frauenquote nicht bis zum 1. Januar 2013 wirkt, bleibt die Unterdrückung der Frau für immer zementiert; die Spaltung der Gesellschaft droht, die Armen verelenden. Nazis marschieren durch die Innenstädte, und Tschernobyl ist überall, weshalb Abgeordnete gegen Atommüll demonstrieren.

Die Wirklichkeit ist natürlich eine ganz andere – die Arbeitslosigkeit sinkt und sinkt, und gleichzeitig steigen die Sozialausgaben auf Rekordniveau. So ziemlich alle wirtschaftlichen und sozialen Indikatoren stehen auf Grün; das Rechtssystem funktioniert, nur die Bahn ist gelegentlich unpünktlich, so viel ist wahr. Die Lautstärke der politischen Auseinandersetzung steht in einem auffälligen Kontrast zum allumfassenden Konsens zwischen den politischen Parteien. In Hamburg begrüßt die Industrie- und Handelskammer, dass endlich wieder ein Sozi Bürgermeister geworden ist. Der Biosprit entpuppt sich als größter anzunehmender Irrsinn, den die Grünen zu Recht kritisieren, wobei gerne übersehen wird, dass der schwarze Umweltminister nur umsetzt, was der grüne sich ausgedacht und der rote nur verzögert hat. Die Wehrpflicht wird so nebenbei abgeschafft; was es bedeutet, wenn der Bürger in Uniform durch den Söldner ersetzt wird, darüber gibt es keine Diskussion. Alle reden vom Sparen, aber erhöhen gemeinsam die ohnehin schon überhöhten Sozialausgaben um noch einmal mehr als vier Milliarden Euro. Dafür haben sie allerdings zehn Wochen Verhandlungszeit verbraucht.

Deutschland leidet nicht an politischer Zerrissenheit oder Grabenkämpfen, sondern am lähmenden Konsens, der zu intellektueller Verarmung und Entfremdung vom Bürger führt. So wurde der Biosprit zwangsverordnet; erst der Käuferstreik zwingt die Politik, mit dem Bürger ins Gespräch zu kommen und sich zu erklären. So ist es, wenn faktisch nur noch sozialdemokratische Parteien in einem Parlament sitzen: Dann wird autoritär das Gute dekretiert, die Zukunft in der Umverteilung gesucht, der Sozialstaat ausgeweitet und gemeinsam Steuererhöhungen beschlossen, wobei jeder, der eigenverantwortlich handelt oder wirtschaftet, einer ständigen

Reglementierung und vorsorglichen Beobachtung unterworfen wird.

Die öde Einförmigkeit der Argumentation wirkt einschläfernd. Wie zur Unterhaltung des Wählers werden winzige Differenzen (fünf oder acht Euro Sozial-Zuschlag?) zum ideologischen Grundsatzentscheid hochgejazzt wie in einem Dauerkarneval, werden Scheinskandale und Nebensächlichkeiten zum Politik-Surrogat. Damit wedelt und poltert Politik wichtigtuerisch, begleitet von einem „rhetorischen Overkill", beobachtet kühl aus Zürich die dortige „NZZ". Offenkundige Missstände dagegen werden aus dem Kanon dessen, was überhaupt diskutiert werden darf, durch Ächtung ausgegrenzt: Mängel bei der Integration mancher Problemgruppen, das vollständig ungelöste Problem der Überalterung, der desaströse Zustand der Schulen werden ebenso ausgeblendet wie die Frage nach den gigantischen Schulden in vielerlei Nebenhaushalten und eingegangener Verpflichtungen und Garantien. Es läuft ja noch. Ob diese Form der Wirtschaft nachhaltig ist, wird nicht hinterfragt.

Viele Bürger wenden sich ab. Die Wahlbeteiligung sinkt. In Foren und am Stammtisch wird die Demokratie immer verächtlicher geredet. Die Berlin-Show geht weiter, lauter, aber vor immer weniger Publikum.

12.03.2011

Flucht nach vorn
Oder die Angst vor dem Wähler

Das Wort von der „German Angst" hat Eingang in den angelsächsischen Sprachgebrauch gefunden. Ich halte das für falsch. Es ist eher so, dass Politiker ohne inneren Kompass und ohne belastungsfähige Überzeugungen zu Getriebenen ihrer Angst vor den Wählern werden – eine Mischung aus Angst und Opportunismus, die das politische System zerfrisst. Das beweist aktuell der Umgang mit dem Ehec-Bakterium: Zwar ist der Spielraum zwischen frühzeitiger Warnung und Panikmache naturgemäß nicht groß. Aber wenn die hamburgische Gesundheitssenatorin wie auch immer wegen zweier Gurken, die aus der Transportkiste gekugelt sind, die Gemüseproduktion in Europa vernichtet – und der niedersächsische Landwirtschaftsminister Gert Lindemann einen unschuldigen Bauern öffentlich hinrichtet – dann überschreiten sie diese Grenze. Peinlich auch, wie die Minister-Darsteller Ilse Aigner und Daniel Bahr mit ihren höchst sensiblen und lebensgefährlichen Themen dilettieren wie zündelnde Kinder im Heustadl: Ihre geradezu olfaktorisch merkbare Angst vor Volkszorn und Wählerunmut heizt die Angst der Bevölkerung erst richtig an; denn wenn schon der Käpt'n vor der großen Woge zittert – dann helfe Gott den Matrosen und Passagieren.

Die Politik wird zum Sicherheitsrisiko. Das gilt auch für Angela Merkels Atomausstieg: Sogar entschiedene Kernkraftgegner, gestählt in den Schlachten von Brokdorf und Wackersdorf, kriegen Angst vor diesem überhasteten und unüberlegten Aktionismus. Wir steigen zwar aus dem Atom aus – aber wir steigen in das schnellste Wachstum der Kohleverbrennung seit dem Zweiten Weltkrieg ein.

Erderwärmung? Klimadebatte? War das alles nur Show? Vorgeführt zu Zwecken der Profilierung? Aus der strahlenden Klimakanzlerin mit ihren Eisbergbildern wird die schmutzige Kohlekanzlerin. Nun sollen es Gaskraftwerke richten – die aber nur so lange die Lösung sind, wie Wladimir Putin es gefällt. Und es gibt Dinge, die werden hoffentlich nicht passieren, weil sie nicht passieren dürfen – etwa ein großflächiger Blackout. Dann fressen sich Fließbänder fest und sterben Menschen, die auf lebenserhaltende Maschinen angewiesen sind. Dass die Bundesnetzagentur über Not-Schnellabschaltung von Fabriken nachdenkt, Krankenhäuser mit Notstromdiesel nachgerüstet werden, der Katastrophenschutz überlegt, ob eine „Mindestkommunikation" per Batterieradio funktioniert, und die Internationale Energieagentur vor einem europaweiten Blackout warnt: Das zeigt, welch ungeheures Risiko die Politik eingeht – aus Angst. Wir begehen aus Angst vor einem fiktiven Strahlentod aus Fukushima wirtschaftlichen, politischen und ökologischen Selbstmord.

Das Motiv ist die Angst vor einer zugegeben schwierigen Debatte, wenn man komplexe Sachverhalte wie den Umbau unserer Energie-Infrastruktur erläutern muss. Es ist die Angst der Regierung vor den Grünen – die wenigstens eines haben: Entschlossenheit. Denn auch wenn ich anderer Meinung bin, so ist doch anzuerkennen: Sie haben ihre Überzeugung auch gegen Wasserwerfer durchgehalten, und das nötigt Respekt ab, wenn man sich die Wendehälse von der Union und die schnelldrehenden Brummkreisel der FDP anschaut. Deswegen wird auch die Hoffnung nicht aufgehen, man habe das Atomthema „abgeräumt". Nein, die Wähler werden nicht zu denen zurückkehren, denen einst Joschka Fischer zurufen konnte: „Avanti Dilettanti." Schlimm, dass er so recht behalten hat. Das Land schlingert einen riskanten Kurs der Deindustrialisierung und auf Zerwürfnisse mit unseren europäischen Nachbarn zu. Es wird zu sozialen Konflikten kommen zwischen den Solarspekulanten und den Windmachern einerseits und den Beziehern kleiner Einkommen andererseits, die die Garantie-Gewinne mit ihrer Stromrechnung bezahlen müssen. Diese Politik kann als Ergänzungs-Kapitel in den Weltbestseller von Barbara Tuchman eingehen, der den Titel trägt: „Die Torheit der Regierenden".

10.06.2011

Angst vor Aktien
Über Deutsche, die durch Sparen ärmer werden

Die Deutschen sind unermesslich reich: Die sagenhafte Summe von 618,2 Milliarden Euro lagert in Guthaben auf Sparbüchern und in Form von Drei-Monats-Geldern. Die Bevölkerung wird immer wohlhabender – allein seit Ende 2008 nahm dieser Betrag um über 80 Milliarden zu. Das ist die eine Seite der Medaille. Diese Zahlen werden gerne herumgezeigt, wenn über Vermögensteuer nachgedacht, die Erbschaftsteuer eingefordert oder generell über Steuererhöhungen fabuliert wird. Die andere Seite der Medaille ist: Die Deutschen sparen wie verrückt – und werden immer ärmer. Denn die Verzinsung dieser Guthaben ist jämmerlich. Sie liegt irgendwo zwischen 0,5 und zwei Prozent. Wenn man von den mageren Erträgen die Quellensteuer von maximal 28 Prozent abzieht und Gebühren subtrahiert, dann entfaltet sich eine ziemlich traurige Landschaft. Bei einer Euro-Inflationsrate von derzeit 2,4 Prozent schmilzt die Kaufkraft von Monat zu Monat dahin wie der letzte Schneehaufen in der Märzsonne.

Andere Anlageformen hellen das triste Bild einer fürs Alter freiwillig verarmenden Bevölkerung nicht auf: Der Garantiezins für Lebensversicherungen wurde gerade auf magere 1,75 Prozent abgesenkt. Dabei wissen Spezialisten, dass auch das noch schöngerechnet ist – tatsächlich bleiben nach Abzug der Abschlusskosten nur ein gutes Prozent für den Versicherten garantiert. Die staatlich bürokratisierte, zertifizierte und kontrollierte Riester-Rente hat noch keine sieben fetten Jahre hinter sich gebracht und ist schon bei den mageren angelangt – die Realverzinsung wird in den meisten Fällen negativ sein. Und die gesetzliche Rentenversicherung, das, worauf die Deutschen vertrauen, weil sie der Spekulation entzogen ist und vom Zinsfuß nicht getreten werden kann, ist für die Jüngeren das wohl brutalst denkbare Zuschussgeschäft: Die Rechnung, wonach immer weniger Berufstätige immer mehr Rentner unterstützen müssen, geht nur durch eine Umverteilung von Jung zu Alt auf, man mag es schönreden, wie man will. Es gilt die regierungsamtliche Bankrotterklärung durch Gerhard Schröder, dass die gesetzliche Rentenversicherung den Lebensstandard im Alter nicht mehr gewährleisten kann. Der deutsche Sparer gleicht dem Sisyphos der griechischen Sage, der spart und schleppt, und doch rollt der Euro immer wieder ins Minus. Lange galten ja die Deutschen als ein Volk, dem die Angst vor der Inflation genetisch vererbt wird. Diese Angst haben die Deutschen wohl verloren, sonst würden sie deren flotten Anstieg in ihr Kalkül einbeziehen.

Dabei gibt es ja durchaus auch Lichtblicke. Deutsche Aktien haben sich im vergangenen Jahr solide entwickelt. Eine generelle Kursverdoppelung hat das Tief nach der Lehman-Pleite annähernd ausgebügelt, steigende Unternehmensgewinne lassen den Heller im Kasten klingen. Meist allerdings nicht in Deutschland – die Deutschen arbeiten, aber die Zahl der heimischen Aktionäre sinkt und sinkt. Freiwillig überlassen wir die kapitalen Früchte unserer Arbeit ausländischen Aktionären und vertrauen auf die Almosen der staatlichen Rente – der gesicherte Karriereweg für den Hungerkünstler im Alter. Es ist wohl das Trauma, das uns der famose Doktor Ron Sommer mit seiner Telekom-Aktie beschert hat. Seither gilt die Aktie wieder als Teufelszeug, der Aktionär als Zocker (im Verlustfall) oder als Gierhals (wenn's klappt), und jede Bank als Spielhalle. Eine seltsame, antikapitalistische und an die Dreißigerjahre des vorigen Jahrhunderts erinnernde Rhetorik greift Platz; braucht ein Politiker oder Leitartikler Beifall, schimpft er auf den „Spekulanten", der wahlweise für steigende und fallende Preise, für Knappheit und Überfluss, jedenfalls für alles Böse verantwortlich gemacht wird. Es ist ein seltsam paradoxer Zustand: Die deutsche Wirtschaft gilt weltweit wieder als Vorbild für wirtschaftliche Leistung – aber die Deutschen wollen an ihrem eigenen Erfolg nicht mehr teilnehmen.

26.11.2011

Ich weiß was, was du nicht weißt
Unser alltäglicher Lauschangriff

Das war ja nun eine echte Sensation, dass den Amerikanern Angela Merkel als nicht besonders risikobereit gilt (das Gegenteil erschiene mir viel gefährlicher), dass US-Diplomaten Horst Seehofer als „unberechenbar" und Dirk Niebel als „schräge Wahl" bezeichnen: Klingt irgendwie wie abgeschrieben. Welche Qual muss es für die 50 Kollegen vom „Spiegel" gewesen sein, sich wochenlang durch den Datenmüll von Wikileaks zu quälen, um wenigstens ein paar Bösartigkeiten herauszudestillieren?

Eine schiere Datenmasse ist banal; und ohne moderne IT ertrinkt man darin. Das musste schon die Stasi erfahren, die Millionen von Spitzeln beschäftigte. Seit Hannah Arendt wissen wir, dass das Böse im Anzug des Biedermanns und nicht mit Schwefelgestank und Bockhuf daherkommt. Auch wenn die Datenmengen von Wikileaks über weite Strecken kaum mehr als Datenmüll enthielten, hat sich doch Entscheidendes verändert: Datenklau per Mausklick ist schick geworden. Die Hemmschwelle ist gesunken, Unrechtsbewusstsein beim Staat, den Unternehmen und den Bürgern gleichermaßen verloren gegangen. Dazu haben Datenskandale der Unternehmen ebenso beigetragen wie die exhibitionistische Selbstdarstellung bei Facebook. Progressive Internet-Jünger betrachten Urheberrechte als eine Sache von gestern und verstehen Copy and Paste als Menschenrecht. „Whistleblowing" wird gefördert, um Korruption zu bekämpfen. In Deutschland kaufte der Staat CDs mit gestohlenen Daten, weil Steuereinnahmen wichtiger sind als Grundsätze. Gegen diese massenhafte Veränderung der Verhaltensweisen sind schärfere Gesetze wirkungslos. Und sollte die blamierte Weltmacht USA Wikileaks-Gründer Julian Assange malträtieren, dann entsteht damit nur ein Märtyrer der grenzenlosen Freiheit im Internet.

Auch bislang gab es Spionage, staatlich oder privat. Schon immer werden Papiere und Geheimnisse uns Journalisten zugesteckt. Große Teile auch dieses Blattes leben davon, und der Informantenschutz ist heilig. Doch bislang ging es um die Aufdeckung konkreter Missstände. Neu ist, dass das gesamte elektronisch gespeicherte Gehirn einer großen Institution durch gezielten Hackerangriff gestohlen werden kann. Hacker haben seit den Achtzigerjahren bewiesen, dass kaum ein Datenzaun sie zurückhalten kann. Aber zunächst lag wenig Brisantes in den elektronischen Archiven. Doch gerade in der jüngsten Erneuerungsphase haben deutsche Unternehmen ihre Unternehmen um das elektronische Gehirn herum gebaut. Nichts geht mehr ohne elektronische Prozesssteuerung, Fernüberwachung, ohne einen ständigen Datenfluss mit feinsten Verästelungen rund um den Globus und quer durch alle Funktionen.

Bisher getrennte Netze werden zusammengeschaltet; demnächst sollen Daten- und Energienetze zu „Smart Grids" gekoppelt werden, um die Verbrauchssteuerung zwischen Kraftwerken und Stromkunden zu optimieren. Dann kann mein Handy mit Ihrer Lohnbuchhaltung kommunizieren, die Waschmaschine mit dem Roboter am Fließband, Ihre Autobatterie mit meinem Redaktionssystem. Die eigentliche Gefahr liegt dann nicht nur im Ausspähen peinlicher Gesprächsprotokolle aus Regierungs- und Vorstandsbüros oder in der Veröffentlichung von Kontonummern und Gesundheitsakten, sondern in Eingriffen in die Produktions- und Prozesssteuerung. „Cyberwar", der organisierte Zerstörungsangriff, ist kein Techno-Märchen, sondern Realität. Die US-Datenbanken wurden nicht von einem Zugriffsberechtigten kopiert – sondern von außen gehackt. Wer in Datenbanken spazieren gehen kann, kann aber auch leicht Veränderungen vornehmen.

Datensicherheit ist keine Frage von Technikspezialisten allein. Das offene und transparente Unternehmen entspricht dem Lebensgefühl der Mitarbeiter; da werden Kommunikationsbarrieren lästig. Dabei ist nichts weniger in Gefahr als Ihr Unternehmen und letztlich die freie Gesellschaft in ihrer Gesamtheit.

04.12.2010

(Kein) Grund zur Panik
Über die Zerbrechlichkeit der digitalen Welt

In den Siebzigerjahren beherrschte eine Angst die deutschen Medien: Sie trug die Farbe Blau und bestand aus drei Buchstaben: IBM. Der Computerhersteller wurde als die große globale Datenkrake gefürchtet, die bald das gesamte Wissen der Welt sammeln und ausbeuten würde. Die große Angst schien berechtigt – immerhin zwei Drittel Weltmarktanteile entfielen auf den Riesen. Und heute? Es hat sich alles geändert – nur die deutschen Ängste nicht. IBMs Riesencomputer wurden von Steve Jobs Personalcomputern zerlegt und von asiatischen Konkurrenten zerschlagen.

Heute ist IBM ein tüchtiges, aber kaum Angst einflößendes Unternehmen. Trotzdem fürchten wir uns heute wieder vor blauen Gespenstern – diesmal heißen sie Facebook und Twitter. Und wieder ist es die schreckliche Geschichte von der Datenkrake, die uns aussaugt. Übrigens: Vor einem Jahr haben wir die Geschichten schon einmal gelesen. Damals trug der Totengräber der zivilisierten Welt das Namensschild „Google". Deutschland ist das Land der Verschwörungstheorien, nirgendwo sonst paaren und vermehren sie sich so schön wie im Klima der Fortschrittsangst und in der Tradition des Kulturpessimismus. Denn so bedrohlich der Handel mit Daten sein mag – jede neue Methode der Informationsverarbeitung ermöglicht auch Missbrauch. Deshalb sollte das Web 2.0 auch reguliert werden – nur zu. Aber gleichzeitig gilt: Die neue Welt muss erst entdeckt werden, bevor sie kartografiert werden kann.

Da ist es schon erstaunlich, mit welcher Leidenschaft sich die Medienpolitik in Deutschland immer noch der Vergangenheit zuwendet, sich um die Arterhaltung verdient macht und Traditionsorgane pflegt: Zeitungen, die ihre Blüte im 19. Jahrhundert hatten, sowie Hörfunk und Fernsehen, etabliert im vorigen Jahrhundert, von Tausenden Bürokraten in „Landesanstalten für Neue (!) Medien" misstrauisch beäugt, im Falle von ARD und ZDF gar staatlich getragen, weil angeblich eine Knappheit an Übertragungswegen herrscht. Gegenwart und nahe Zukunft, also das Internet und seine sich ständig neu verändernden Möglichkeiten, scheinen aber bei deutschen Medien, Verfassungsrechtlern und Politikern mental noch nicht richtig angekommen zu sein. Wer die Entwicklung der digitalen Kommunikation auf die Frage des Datenschutzes reduziert, darf sich nicht wundern, wenn Deutschland allenfalls die Rolle einer digitalen Kolonie zufällt, ferngesteuert aus dem Silicon Valley. Keine Angst also vor Twitter, Facebook, Google: Die Angst vor der Angst ist viel begründeter. Schließlich geht es dabei auch um neue wirtschaftliche Gesetzmäßigkeiten. Der Kontinent Facebook, das Reich Twitter, die Supermacht Google – das alles sind riesige, aber fragile Imperien mit einer vermutlich kurzen Lebensspanne. Nicht nur IBM ist gefallen. Wer erinnert sich noch an die vorübergehend unbezwingbar erscheinenden Netzweltmächte Yahoo, AOL oder MySpace? Viele Internet-Gründungen sind schnell entstanden – und ebenso schnell wieder verschwunden, weil neue Innovationen aufblühten und das launische Publikum neue Adressen anklickte.

Beständigkeit ist kein Merkmal dieser von juvenilen Launen getriebenen Welt und ihrer Entrepreneure, die in Deutschland alle viel zu jung wären, als dass man sie in die Kreditabteilungen der Banken vorließe, um über die Finanzierung einer Startup-Idee zu reden. Die Instant-Imperien wachsen, weil ihre Kosten fallen, je mehr Teilnehmer sie an sich binden. Und jeder neue Teilnehmer ist ein weiteres Argument, um sich dem größten Netzwerk anzuschließen: Die Zahl der Nutzer steigert den Nutzen. Deswegen wachsen die großen Netzwerke so schnell. Deswegen drängen sie die jeweils kleineren flugs aus dem Wettbewerb – bis ein neues Netzwerk up to date ist. Entstehen da neue Blasen? Na klar. Alle Innovationen sind Entwicklungen ins Offene – Sieg und Niederlage stehen da nah beieinander. Eine unermessliche Rendite ist heute nur einen Mausklick vom Totalverlust entfernt. Na und? Risikobereitschaft ist die Schwester des Fortschritts.

15.01.2011

Alte Gespenster
Hat die Linke doch recht?

Die Linke in Deutschland wärmt sich an einem abgebrannten Feuerchen: Hat sie nicht immer schon recht gehabt mit ihrer Fundamentalkritik am globalen Kapitalismus, dem Neoliberalismus und Finanzmarktkapitalismus? Die Heiligsprechung der Linken durch die "FAZ", dem früheren Zentralorgan der deutschen Bürgerlichkeit, lässt die orientierungslosen Roten wohlig erschauern.

Halten wir "FAZ"-Herausgeber Frank Schirrmacher und seinem britischen Vordenker Charles Moore zugute, dass sie bestimmt nicht die Partei Die Linke von Gesine Lötzsch und Gregor Gysi gemeint haben, die Fidel Castro, den kommunistischen Gewaltherrscher über das verarmte Volksgefängnis Kuba, als "Vorbild" für die Völker der Welt feiert. Aber wen meint er dann? Die Sozialdemokratie? Es war doch gerade die linke Politik des Keynesianismus, die mit immer neuen Wohlfahrtsversprechen auf Pump die dramatische Überschuldung herbeigeführt hat, die jetzt den Euro und Europa bedroht. Dabei ist es ausgerechnet der bürgerlichen

Politik des Sozialdemokraten Gerhard Schröder zu verdanken, dass Deutschland durch die Agenda 2010 wenigstens so viel Flexibilität wiedererlangt hat, dass die Arbeitslosigkeit sinkt, die sich bis dahin durch die linke Politik zugunsten gewerkschaftlich organisierter Arbeitsplatzbesitzer ständig erhöht hat. Ohne den dafür von seiner Partei geächteten Schröder wären wir sicherlich wie Spanien, Italien und Frankreich bei einer obszön hohen Jugendarbeitslosigkeit gelandet – und bei einer Industrie, die gegen die Wettbewerber aus Asien chancenlos wäre. Das zeigt, wie viel ein bisschen mehr Markt zu leisten vermag. Die wunderbare Welt der Sechziger, in der die technologische Überlegenheit des Westens die eine Hälfte der Welt reich machte und sozialistische Selbstzerstörung die andere Hälfte in graugesichtiger Armut hielt – diese Zeit ist vorbei. Die Menschen in China und Indien entwickeln gerade viel Spaß am Kapitalismus und nehmen auf die beschützten Werkstätten in Alteuropa nicht viel Rücksicht. Für Pekings "Volkszeitung" ist die Überschuldung der europäischen Staaten "die Pest"; sie kommt damit dem Kern der derzeitigen Euro-Probleme näher als der Feuilletonjournalismus hierzulande.

Man muss die Finanzkrise seit 2007 nicht dadurch relativieren, dass die Politik in den USA sie durch Ninja-Kredite an Schuldner mit No Income, No Job, No Assets mitverursachte – und dass hauptsächlich öffentliche Banken den Giftmüll in Deutschland verteilten. Zur Zähmung der Finanzmärkte braucht es keine sozialistische Internationale, sondern Ordnungspolitik – auf die gerade Deutschland stolz sein kann, weil es gezeigt hat, wie man Rahmenbedingungen setzt, um den gefährlichen Keim der Selbstzerstörung in Märkten zu bändigen. Kapitalismus ist eine menschliche und fehlerhafte Veranstaltung. Die linke Politik dagegen verspricht den Himmel auf Erden und liefert die Hölle. Man muss ja nicht gleich auf Stalin zurückgreifen, aber doch fragen: Was ist denn das Projekt der demokratischen Linken? Noch mehr Staatsschulden für Gefälligkeitssozialpolitik? Die Rückkehr in die Stagnation vor der Agenda 2010? Ausstieg aus der Globalisierung? Eine Finanzmarkttransaktionssteuer und Mindestlöhne, Rente wieder mit 65 und andere längst als untauglich erkannte Programme? Im Augenblick ist das einzig erkennbare linke Projekt die Zentralisierung der Wirtschafts- und Sozialpolitik in Brüssel und ihre Finanzierung durch Euro-Bonds zulasten deutscher Arbeitnehmer und Unternehmen. Irgendwie hofft man wohl auf diese Weise die immer noch effizienten Deutschen mit ihren Restbeständen an Marktwirtschaft und den lästigen, jede Extra-Belastung brav ertragenden Mittelstand der Fleißigen und Pfiffigen an die Kandare der Bürokratie zu legen, bis der letzte Euro verteilt ist, ehe er erwirtschaftet werden konnte. Das müsste mit europäischer Solidarität doch zu schaffen sein! Und diese intellektuell ausgebrannte Linke also hat die Antwort? Das klingt eher nach Anrufung eines ziemlich klapprigen Gespenstes.

27.08.2011

Einer ist immer dagegen
Über die neue Konfliktkultur

Was waren das noch für klare Fronten in den Siebzigern und Achtzigern. Da wurde um die ganz großen Fragen gerungen: Freiheit statt Sozialismus, um Wiederaufarbeitungsanlagen oder um Atomraketen auf deutschem Boden.

Heute wird mit ähnlicher Verbissenheit um einen banalen Bahnhof gestritten, auch wenn das wie Krach in der Puppenstube wirkt. Nicht nur in Stuttgart. In Garmisch-Partenkirchen droht die Olympiabewerbung an einigen Wiesenbauern zu scheitern. Die Stromtrasse durch Thüringen ist blockiert. Windräder müssen außer Sichtweite in der Nordsee gebaut werden, und ein paar Jahre Laufzeitverlängerung für Kernkraftwerke regen bei uns mehr Menschen auf als Neubauten die Schweizer oder Franzosen.

Die neue Verbissenheit hat ihre Ursache in den früheren Konflikten. Damals wurde die Uneinigkeit in der Sache durch Einigkeit per Verfahren ersetzt. Planungs-, Beteiligungs- und Einspruchsrechte wurden ausgeweitet und kompliziert. Das wirkte befriedend. Gab es im Baukrieg um die Startbahn West des Frankfurter Flughafens noch Tote, so trifft man sich jetzt gesittet vor Gericht oder beim Mediator.

Das ging einige Zeit gut. Aber wegen der Verfahren liegen heute zwischen der Grundsatzentscheidung und dem tatsächlichen Baubeginn 15 Jahre. Die Befürworter eines Vorhabens erleben den ersten Spatenstich als Rentner; die Betroffenen waren schon altersbedingt an der Entscheidung nicht beteiligt. Sie können zu Recht darauf verweisen, dass sich seither die Grundlagen der Planung geändert haben und die Kosten explodiert sind. Die Befriedungsstrategie per Verfahren schlägt ins Gegenteil um. Baden-Württembergs Ministerpräsident Mappus musste erleben, dass er verfahrensmäßig recht hat – aber nicht auch recht bekommt.

In einer alt gewordenen, kinderarmen Gesellschaft haben die vom Baulärm Betroffenen nichts mehr von der Fertigstellung. Die Generationensolidarität zerbricht. Das erklärt die vielen älteren Demonstranten in Stuttgart wie schon vorher bei der Transrapid-Entscheidung in München: Für ihre Rente reicht die alte Bahnstrecke allemal; für sie ist Nichtstun sinnvoller als Investieren. Auch zwischen den Bundesländern ist der Konsens aufgekündigt. Lange galt es als abgemacht, dass jedes Land einen Teil schultert: Süddeutschland die Kernkraftwerke, das Rheinland die Braunkohlestinker, Niedersachsen die Endlagerung. Aber jetzt hat die opportunistische Generation vom Typ Sigmar Gabriel das Sagen, und der hat aus der Hartz-IV-Debatte unter Gerhard Schröder nur eines gelernt: Verantwortung, die zum Stimmenverlust führen könnte, sollte man nicht schultern. Populismus wird zum Politikstil. Auch in der CDU. So blockiert Schleswig-Holstein die CO_2-Endlagerung. Für eine Sache einzustehen, statt nur mit vor Erregung zitternder Unterlippe zertretene Käfer zu beklagen, Staatsgelder einzusparen statt großzügig zu verteilen – in Gestaltungsprozessen ist die Erbengeneration der Grünen bislang nicht sozialisiert worden. Dass man auch bei unvermeidlichen Risiken und Nebenwirkungen durchhalten sollte, ist einer Claudia Roth oder einem Cem Özdemir so fremd wie einem Eskimo der Kühlschrank. Jürgen Trittin hat das Dosenpfand durchgestanden. Immerhin.

Auch in der Union hat die Generation der Talkshow-Opportunisten die Vorherrschaft übernommen, die Konflikte lieber moderieren als durchhalten. Mit angestrengtem Nettsein kann man neuerdings sogar Bundespräsident werden. Es gibt aber auch Gegenbeispiele – etwa Ursula von der Leyen. Sie hat in der Hartz-IV-Debatte Härte gezeigt – und gewonnen. Bewundernswert, wie sich diese äußerlich zarte Person in Talkshows den Windflügelarmen des Linken-Chefs Klaus Ernst entgegenstellt. Wenn jeder Bahnhof zur Grundsatzfrage wird, brauchen wir starke Typen, die kämpfen und überzeugen.

09.10.2010

Von Jasagern zu Neinsagern
Deutschlands Wutbürger

In Frankreich ist ein schmales Bändchen seit seinem Erscheinen der Megaseller von 2011. An Stéphane Hessels „Empört Euch!", das mehr als eine Million mal verkauft wurde, ist weniger neu, dass Hessel empörungswürdige Zustände kritisiert. Der jugendlich wirkende 93-Jährige erhebt vielmehr die Wut, die Wucht der Empörung, zum politischen und mehr noch zum ganz persönlichen Programm einer individuellen Verjüngungskur: Wer widrige Umstände hinnimmt, wird leblos, weil er Würde und Energie verliert. Wer sich nicht wehrt, verkehrt lebt, das wissen wir aus Spontizeiten. Aber das war mehr was für jugendliche Hitzköpfe. Jetzt erfasst sie das reifere Alter und eine immer älter werdende Gesellschaft. Tatsächlich, die Wut belebt, wie man auf jeder Demonstration sehen kann. Auch ältere, geruhsame Semester haben wieder glänzende und blinkende Augen, wenn sie ihren Ärger herausschreien.

Wut hat ein ungeheure Wirkung. Ende der Achtzigerjahre hat die Wut über den fiesen Spitzelstaat in Berlin, Leipzig und Dresden die Menschen auf die Straße und die Mächtigen aus den Ämtern getrieben. Wut gibt Mut, das bewundert man an den Menschen in Sanaa, Tunis und Kairo. Wer allerdings auf dem Tahrir-Platz demonstriert, muss wegen staatlicher Killerbrigaden um Leben und Gesundheit fürchten. Das rücksichtsvolle Wegtragen von Sitzblockierern wie in Gorleben gehört nicht zur Rechtskultur Nordafrikas. Vor diesem Hintergrund wirkt die deutsche Wut eher wie die eines ungezogenen Kindes, auch wenn sie hierzulande sensationelle Erfolge erzielt hat. Der Baustopp für den Bahnhof in Stuttgart und ein schneller Atomausstieg zeigen, wie Wut Entscheidungen beschleunigen kann. Auch und gerade in einem Land wie Deutschland, in dem Plebiszite und Volksentscheide von einem tief gestaffelten System abgefedert und weggefiltert werden. Und jetzt? Mit den Folgen des Wut-Schlamassels muss jetzt die grün-rote Koalition in Baden-Württemberg fertig werden. Die neuen Herren wissen ganz genau, dass Wut und Sicht auf den Bahnhof ganz unterschiedlich ausfallen können, je nachdem, ob man als Pendler in Ulm oder in den teuren Halbhöhenlagen von Stuttgart wohnt. Wer regiert, muss, anders als die bloßen Nein-Sager, ein konstruktives Programm formulieren und läuft anschließend Gefahr, in eine neue Wut-Front von Besitzstandswahrern zu laufen.

Die Berliner Koalition ist da schon weiter: Aus Angst vor dem Wutbürger hat sie in aller Eile beschlossen, das Verpressen von CO_2 im Boden zu erlauben – dieses aber damit praktisch verhindert. Aus Angst vor den Wutbürgern, die schon nicht einsehen wollen, warum sie Hunderte von Milliarden nach Griechenland, Irland und Portugal bürgen sollen, wird über die Euro-Rettungsaktionen ein Schleier gezogen und nicht einmal das gesamte Parlament informiert. Geht es nach der Regierung, dürfen auch weiterhin nur kleine Ausschüsse die Zahlen diskret einsehen – gerade so, als ob es sich um eine geheimdienstliche Aktion handle. Dabei wäre doch eigentlich das Parlament die Bühne, auf der der Streit und die Wut auf zivilisierte Weise ausgetragen und Entscheidungen getroffen werden sollten. Selbst die Abgeordneten des Deutschen Bundestages, die wohl frömmsten und kreuzbravsten Lämmer, zucken deshalb neuerdings gelegentlich, als schlage nun auch bei ihnen das Wut-Gen durch. Die Bundesregierung kommt auch bei ihrem Atom-Moratorium ins Schlingern. Nach dem grandiosen Wut-Aus folgen jetzt der Einstieg in schmutzige Kohleverstromung, Preissteigerungen für die Verbraucher und eine Gefährdung der Netzstabilität durch den Atomausstieg. Jetzt will beispielsweise Ministerpräsidentin Christine Lieberknecht eine Kompensation dafür, dass der Strom von Nord nach Süd ihr thüringisches Ländchen durchquert – ganz in der Tradition des mittelalterlichen Straßen- und Brückenzolls. Denn: Am Ende kalkuliert der moderne Wutbürger eben doch ganz penibel sein persönliches Soll und Haben. Das kommt eben heraus, wenn angesichts der Wut den Regierenden der Mut fehlt, auf Konsequenzen hinzuweisen.

21.04.2011

Keine Alternative?
Über Unwörter und Irrtümer

Mein persönliches Unwort des Jahres ist „Alternativlosigkeit". Damit wurde uns der Bankenrettungsschirm (500 Milliarden Euro) serviert, kurz darauf die Griechenlandhilfe (deutscher Anteil 22 Milliarden) und der Euro-Rettungsschirm (deutscher Anteil bis 148 Milliarden). Seither wird die Alternativlosigkeit inflationiert: Für die Befürworter ist die Tieferlegung des Stuttgarter Bahnhofs alternativlos, für die Kernkraftwerksbetreiber die Laufzeitverlängerung, und für die Ökoszene sind es Windräder und Solarpanele. Gibt es wirklich keine Alternativen? Ist eine amtlich verordnete Politik des „Augen-zu-und-durch", selbst wenn die Gänsehaut schon das Rückgrat hochkriecht, nicht schon deswegen falsch, weil sich unterwegs in die Zukunft plötzlich alles ganz anders darstellt? Die Bundesregierung implementiert derzeit ein Energieprogramm für das Jahr 2050. Das Beste, was man darüber sagen kann: Es ist politisch klug. Wenn sich das Jahr 2050 einstellt, erinnert sich niemand mehr an jene, die uns heute auf den falschen Weg geprügelt haben, denn klar ist: Wenn wir dann 80 Jahre WirtschaftsWoche feiern, werden sich unsere

Nachfolger ziemlich lustig machen über die Prognosen, die wir heute so zukunftsgewiss aufstellen.

Mein Lieblingsirrtum: In den Siebzigerjahren haben die Niederlande die Förderung des Nordseegases forciert – schnell raus damit, denn man fürchtete den Preisverfall, wenn der billige Atomstrom kommt. Eine langsamere Ausbeute hätte dem Land heute den schmerzhaften Sparkurs abmildern können, der zum Auftreten einer rechtspopulistischen Partei führte. Mein schlimmster Prognosefehler: Vor 20 Jahren habe ich „enthüllt", dass die Wiedervereinigung die sagenhafte Summe von 60 Milliarden Mark kosten werde – eine Abweichung um den Faktor 50. Nicht schlecht, und doch: Wert war sie es doch, die Wiedervereinigung.

Die Bundeskanzlerin zitierte den Historiker Reinhart Koselleck mit der Maxime „Alles war immer anders als gesagt" und ebenso skeptisch „Alles ist immer anders als gedacht". Gut gebrüllt, Löwin. Die Frage ist nur: Warum wird ein Klimaprogramm forciert, dessen zugrunde liegende Prämissen wie Kosten, global abgestimmtes Handeln und Annahmen über Klimaentwicklung schon heute fragwürdig sind?

Deutschland verstrickt sich in Allmachtsfantasien der langfristigen Gestaltbarkeit von Wirtschaft und Gesellschaft, die Unvorhersehbares leugnet und Alternativen deshalb verbaut, um ungestört regieren zu können. Wir waren schon weiter. Vor vier Jahrzehnten hat Friedrich August von Hayek, seine „Verfassung der Freiheit" vorgelegt. Freiheit bedeutet für ihn auch zu „hungern, kostspielige Irrtümer zu begehen oder gewaltige Risiken einzugehen". Dieser Gedanke taucht vor der parteiübergreifenden Denkverengung auf wie der Eisberg vor der Titanic. Mehr noch Hayeks Forderung nach „Raum für das Unvorhersehbare". Prognosen müssen sein. Aber sie dürfen nicht zum Dogma erstarren, das Alternativen ächtet. Wir brauchen ein ständiges Suchverfahren, sagt Hayek, den Markt als Entdeckungsverfahren. Der Markt der Möglichkeiten ist der vermeintlichen Gewissheit der Staatsbürokratie, der staatlichen Lenkung und Allokation allemal überlegen, weil er Irrtümer schnell korrigiert – schon aus Eigeninteresse.

02.10.2010

Freiheit als Chance

Vom Ringen um zivilgesellschaftliche Tugenden

Nach dem Mordanschlag will Norwegen „Mehr Demokratie und mehr Offenheit" wagen und zeigt eine große und uns beschämende Haltung. So ganz anders als Norwegens Ministerpräsident verhält sich die deutsche Politik: Sofort wurde wieder die Verschärfung der Sicherheitsgesetze und Datenspeicherung gefordert. Der Bund Deutscher Kriminalbeamter will einen Knopf an jedem Computer einrichten, mit dem vermeintlich rechtsgerichtete Bürger per Mausklick bei der nächsten Polizeidienststelle denunziert werden können – die Perfektion des Schnüffelstaats. SPD-Chef Sigmar Gabriel hat auch gleich Thilo Sarrazin in die Nähe des Massenmörders von der Insel Utøya gerückt: Hätte die SPD Mut, würde sie ein weiteres Parteiausschlussverfahren anstrengen, diesmal nicht das Sarrazins, sondern des eigenen Vorsitzenden.

Während also das zutiefst getroffene Norwegen sich um zivilgesellschaftliche Tugenden bemüht, fällt deutschen Populisten aller Parteien nur eine reflexhafte Reaktion ein mit dem Ziel, bürgerliche Freiheiten weiter einzuschränken. Leider ist das kein Einzelfall. In seinem aktuellen Buch „Wir haben die Wahl" beschreibt Kurt Biedenkopf eindringlich, wie den Deutschen von Ludwig Erhard die Tür zur wirtschaftlichen Freiheit aufgestoßen wurde – und wie diese Tür seither langsam zufällt, statt der Freiheit Raum zur Entfaltung zu geben. Dem Schutz der Freiheit hat sich kaum einer verschrieben – aber keine Gelegenheit wird ausgelassen, um sie einzuschränken: Während die Nachkriegsgeneration geprägt war durch die Erfahrung der elementaren Unfreiheit und dem Freiheitserlebnis, das Demokratie, das Ende der Zwangswirtschaft und Einführung der D-Mark mit sich brachte, verwandelt sich dies für die heutigen Generationen in Abhängigkeit von staatlicher Bevormundung.

Es ist doch erstaunlich, dass wir ständig wohlhabender werden, aber die Sozialleistungen doppelt so schnell wachsen wie die erarbeiteten Einkommen – und dann trotzdem die Mittel der gigantischen Umverteilungsmaschine nicht mehr reichen, um Rentner, Langzeitarbeitslose, alleinerziehende Mütter oder Väter oder auch Schwerstkranke großzügig zu unterstützen. Wir nehmen hin, dass der Staat bereits unsere Nachkommen enteignet, um mit gestohlener Zukunft heute seinen Konsum und Sozialleistungen zu finanzieren. In einer brisanten Mischung aus immer neuen Abgaben, Steuern und Beitragspflichten einerseits und immer neuen Sozialleistungen, Subventionen und Lenkungseingriffen für Betroffenenlobbys, Unternehmen und Branchen andererseits werden die Deutschen der Freiheit entwöhnt und ans Parieren gewöhnt. Selbst die Abgeordneten des Deutschen Bundestags sehen achselzuckend zu, wie ihr Königsrecht – das Budgetrecht – in der Euro-Krise von der Regierung mit immer neuen Erpressungen ausgehebelt wird.

Die liberale Debatte in Deutschland wird einseitig auf Wohlstand und Einkommen reduziert. Dabei ist unsere Art zu leben und zu wirtschaften, global nicht verallgemeinerungsfähig. Die häufig vorgeführte Gier und Maßlosigkeit in Sachen Geld ist eher ein Ausdruck von Charaktermangel und Wurzellosigkeit, denn längst geht es um die Entdeckung der Bescheidenheit: Erstaunlich, dass die harten Aufbaujahre nicht durch Burn-out und unaushaltbaren Stress geprägt waren. Ein neuer Liberalismus muss an Subsidiarität und personaler Solidarität anknüpfen, weil die Instrumente des fürsorgenden, alles regelnden Staates nicht nur längst wirkungslos geworden sind, sondern auch die wirtschaftliche und freiheitliche Basis der Gesellschaft zerstören. Aber darauf sind Deutschlands Duckmäuser nicht vorbereitet. Freiheit wird nicht als Chance, sondern als Bedrohung wahrgenommen, die wegreguliert, besteuert und begrenzt werden muss. Wir lieben die heroischen Akte der nationalen Aktion – und übersehen die täglichen Schritte auf dem Weg in die Unfreiheit.

30.07.2011

Konservative ohne Perspektive
Über Kränkungen und Unzufriedenheiten

Die Koalition aus Union und FDP ringt um die Gunst der Wähler und liegt beständig hinter Rot-Grün, wie die Umfragen von Allensbach allwöchentlich beweisen. Gerade bei Wählern, die sich selbst als konservativ bezeichnen, spürt man eine tief sitzende Unzufriedenheit. Es ist das kränkende Gefühl, von der CDU nicht mehr gewollt zu sein; ja sogar, dass die Stimmen dazu missbraucht würden, um der Bundeskanzlerin die Macht zu erhalten, bis sie ihre Zukunft bei den urbanen, emanzipierten Lebensstilgrünen in den Großstädten gefunden hat. Konservative fühlen sich in ihren zentralen Wertvorstellungen nicht mehr repräsentiert: Frauen, die ihre Kinder noch selbst erziehen, wird die angeblich minderwertige Rückständigkeit ihres Lebensstils quasi regierungsamtlich vorgeworfen. Katholiken stellen fest, dass die gesetzliche Fristenregelung beim Schwangerschaftsabbruch zur faktischen Freigabe des jederzeitigen Schwangerschaftsabbruchs uminterpretiert worden und die Entscheidung über das Leben einer fixen Gebrauchsmoral anheimgestellt ist.

Die letzten Reste des staatlichen Schutzes für Ehe und Familie werden gerade abgetragen. Ist die Familie, die mit Kindern den engen Zeithorizont einer Generation sprengt, wirklich völlig gleichzusetzen mit einer weniger verbindlichen, temporären oder gleichgeschlechtlichen Lebensabschnittspartnerschaft? Wäre es nicht besser, die Familien zu stärken? Aber das Familienministerium ist zu einer Clownsnummer degradiert, und das Sozialministerium wird zum Geldautomaten umgebaut, an dem man sich per Chipkarte ohne eigenen Beitrag und Bemühen bedienen darf. Eigenverantwortung ist ein hoher Wert, und eigenes Bemühen steht vor einem Rechtsanspruch. Das gilt auch für Migranten. Ist es wirklich nicht vermittelbar, dass es hier eine Bringschuld gibt, nämlich sich um die deutsche Sprache zu bemühen und auch muslimische Mädchen an den Errungenschaften einer modernen Gesellschaft teilhaben zu lassen, ehe man Migranten generell als besonders unterstützenswerte Minderheit in Obhut nimmt?

Es wächst das Gefühl, dass man den Familien unfaires Verhalten vorwirft, wenn sie sich um das schulische Fortkommen ihrer Kinder bemühen. Gegen die Anstrengungen der Bildungsbürger und derjenigen, die ihren Kindern eine bessere Zukunft organisieren wollen, werden in Hamburg und Nordrhein-Westfalen Schulprogramme inszeniert, die die Leistungsfähigen auf das Niveau der Bildungsverweigerer drücken sollen – im Namen von Gleichheit und Solidarität.

Wertewandel

Viele haben die CDU gewählt, weil sie wenigstens in der CSU den Garanten sahen, der solche Werte verteidigt. Seit in München der sprichwörtliche Bock sich zum Gärtner aufschwang, ist auch die CSU auf dem Kurs dahin, wo die CDU schon seit Längerem angekommen ist: unter die 30-Prozent-Marke. Andere erhofften sich von der FDP, dass wirtschaftliche Eigenverantwortung und Leistung wieder anerkannt werden. Jetzt sehen sie sich als Zwangsteilnehmer einer permanenten Christopher-Street-Day-Parade und sind irritiert von schnarrenden Attacken aus dem Berliner Justizministerium auf kirchliche Institutionen.

Das sind Stimmen, die sich verlängern lassen – etwa zur Verteidigungspolitik. Nun lassen sich katholische Soziallehre, Patriotismus und Wirtschaftsliberalismus schwer zu einem widerspruchsfreien Programm vereinen. Den schicken Parteifunktionären in Berlin-Mitte gelten Konservative als aussterbende Gruppe alter Männer aus Süd-West. Ohne Rücksicht darauf wird die CDU wertentkernt und stromlinienförmig für den Windkanal des Zeitgeistes geschliffen. Kann man regieren gegen diese zornige Minderheit, die zu den Leistungsträgern zählt? Dieses Experiment ist wohl schon heute gescheitert.

28.08.2010

Unabhängig und frei
Der neue Traum vom Landleben

Eine neue deutsche Romantik lockt zum Kauf von Wald, Scholle und Acker. Es ist wieder schick, über das Feld zu stapfen, in grünen, feuchten Gummistiefeln, an denen Lehm und Erde kleben – Hauptsache, es ist die eigene Scholle, die da brockenweise mitmarschiert. Wer sich keinen eigenen Forst oder Acker leisten kann, der träumt. Ein ganzes Segment neuer Zeitschriften schwelgt in Bildern vom erdverbundenen, ehrlichen Leben auf dem Lande. Internet-Versender bieten poppige Designer-Hühnerställe und grelle Bienenstöcke für Vorgarten und Balkon an. Und wenn erst die Frühlingssonne lockt, dann stauen sich die Käufer in den Gartensupermärkten für den Kauf der Wegwerfhybridstaude und Einmal-Bäumchen. Es ist der Traum von der Autarkie, der Selbstversorgung: Wer Holz vor und einen Herd in der Hütte hat, fühlt sich der Fragilität der globalen Energiesysteme, den Ölscheichs und den Gaslieferungen durch Schurkenstaaten weniger stark ausgeliefert. Land gilt als Inflationsschutz. Die jüngsten Lebensmittelskandale befeuern den Wunsch nach dem reinen Ei und dem sauberen Ferkel aus dem eigenen Stall oder eigenen Tomaten vom Balkon.

Der romantisch verklärte Blick auf Wald und Scholle kollidiert spätestens hier mit der wirtschaftlichen Realität der deutschen Landwirtschaft. Die frühere bäuerliche Kultur, das langsamere Beobachten von Werden und Wachsen im ewigen Lauf der Jahreszeiten, steht längst unter einem brutalen Modernisierungsdruck. Selbst kleinere Höfe sind heute komplett durchorganisiert und stehen einem Industriebetrieb in nichts mehr nach: Hoch technisiert, durchrationalisiert, arbeitsteilig und kapitalintensiv operieren sie; der moderne Bauer verkauft seine Ernte längst und ganz selbstverständlich auf Terminbörsen, mithin an Spekulanten, die sonst von der deutschen Allgemeinbevölkerung so gefürchtet werden. Raum für Romantik, Selbstverwirklichung oder gar für Experimente mit Acker und Vieh lassen der brutale Kostendruck und die niedrigen Preise nicht zu.

Gerade in den vergangenen Jahren konnten wieder einige ökologische Nischen, brachliegende Felder und ungedüngte Wiesen erblühen, entwickelte sich so mancher Biolandbau – weil die auf Maximierung der produzierten Menge an Milch, Fleisch und Wein ausgerichtete Subventionierung durch die Europäische Union zurückgefahren wurde. Doch diese Nischen geraten jetzt in Gefahr: Statt auf den Teller wandern die landwirtschaftlichen Produkte mit massiver staatlicher Unterstützung in den Tank, in Biogasanlagen oder in Brennöfen. Schon klagen Bierbrauer, dass Felder statt für den benötigten

Hopfen für den Anbau der neuen Energiepflanzen genutzt werden und dass Holz aus den neuen Pappelplantagen nicht der Herstellung von Möbeln dient, sondern in Sprit verwandelt wird. Die neue Nachfrage der Benzinraffinerien und Pelletproduzenten verstärkt einen weltweiten Trend: Nicht mehr aus Dienstleistung und Industrie kommt das Wirtschaftswachstum, sondern aus dem Agribusiness, auch und gerade in der gemäßigten Klimazone, in der Deutschland liegt. Es klingt wie Hohn: Gerade erst haben wir auf Berater und Banker umgeschult – jetzt sollen wir wieder Bauer werden. Gründe dafür gibt es durchaus: Die wachsende und wohlhabendere Weltbevölkerung wird 40 Prozent mehr Nahrungsmittel brauchen und 30 Prozent mehr Trinkwasser zu deren Produktion, schätzt eine Expertenkommission der britischen Regierung in einer Studie. Gleichzeitig schrumpft die landwirtschaftliche Nutzfläche, vor allem in Ländern mit wachsender Bevölkerung und industriellem Nachholbedarf. Seit einigen Jahren gelten Agrarprodukte als eigene Anlageklasse neben Wertpapieren und Industrierohstoffen. Seither bemächtigen sich die Finanzmärkte der eher geruhsamen, konservativ vor sich hin dümpelnden Agrarmärkte. Anstelle des hier so geschätzten Bioapfels tritt weltweit die Gentechnologie ihren Siegeszug an. Mit der neuen deutschen Landlust hat das wenig zu tun: Die wirtschaftliche Realität hebelt Romantik und Ökologie aus.

29.01.2011

Quo vadis germania
Was ist heute konservativ?

Der politische Konservatismus kommt von conservare, erhalten. Es ist paradox, dass Konservative so gar nichts erhalten, sondern Deutschland am nachhaltigsten verändert haben. Konrad Adenauer steht für Wiederaufbau und Marktwirtschaft, Westbindung, Wiederbewaffnung, Atomprogramm, Rentenreform und Anwerbeprogramm für Gastarbeiter. Er integrierte zentrifugale Kräfte in Partei und Regierung und nahm so Katholiken und Protestanten, West- und Süddeutsche, Vertriebene ebenso wie Alteingesessene mit auf den wilden Ritt in die Moderne. Aber die rasante „Amerikanisierung" des Lebensgefühls wurde erst durch das gefühlte Versprechen ermöglicht, „der Alte" werde schon dafür sorgen, dass der Kaffee in der Tasse bleibt. Angela Merkel ähnelt in ihrer schnörkellosen Sprache wie auch im fast zynischen Pragmatismus dem ersten Bundeskanzler. Wie er schöpft sie nüchtern Möglichkeiten aus und keinen Deut mehr; die Jammerei über verlorene Grundsätze hält sie für Zeitverschwendung. Aber anders als Adenauer fehlt ihr das Charisma, ein überwölbendes Lebensgefühl zu vermitteln. Dabei geht ihr die Unterstützung durch Gesellschaftsgruppen verloren, die konservativ fühlen. So hat Deutschland die Finanzkrise erstaunlich gut bewältigt. Aber man schreibt es dieser Regierung nicht gut, denn wenn Merkel handelt, dann erklärt sie es nicht. Sie greift aus in neue Wählerschichten, während Traditionswähler sich längst unbehaust fühlen.

Gemessen an der CDU, ist die stets an der Spitze des Fortschritts marschierende SPD viel konservativer. Sie hat Ludwig Erhards Wirtschaftsliberalisierung ebenso bekämpft wie die strikte Westbindung und anfangs sogar die Wiedervereinigung. Von den sozialliberalen Koalitionen bleibt nicht viel außer der Ostpolitik und wachsender Staatsverschuldung. In Nordrhein-Westfalen wurde unter SPD-Ägide der Strukturwandel weg von der Montanindustrie blockiert, während das rückständige Agrarland Bayern sich industrialisierte, das erste Umweltministerium erfand und unter Gamsbarthüten die Superhirne für High Tech versammelte. Die SPD ist programmatisch hilflos und weiß selbst, dass mit mehr Sozialausgaben und Wohlfahrtsbürokratie die großen Probleme nicht zu lösen sind. Das ist ein Grund, warum die Grünen anstelle von Union und SPD zur neuen Volkspartei heranwachsen. Sie sind die parlamentarische Vertretung moderner Milieus und Lebensstilgruppen; von den in Ehren ergrauten Anti-AKW-Zauseln und den neuen Solarmodulmonteuren, Vegetariern, Veganern und Bio-Protagonisten, türkischen Fußballvereinen, Emanzipationsbewegten und Fahrradclubs. Sie eint ein unbestimmtes, irgendwie modernes Lebensgefühl, die Angst vor dem Klimawandel und das Engagement für einen besseren Planeten.

So ist eine rastlose Bewegung entstanden, die rasenden Stillstand erzeugt: Die Globalisierung soll ausgesperrt werden, weil sie die Wohngemeinschaftsgemütlichkeit der Siebzigerjahre gefährdet. Multikulti haben alle lieb; das Glück wird in autonomen Dörfern mit Biogasanlage gesucht; großindustrielle Strukturen dagegen sind ebenso schrecklich wie neue Technik, sobald sie Realität wird. Boris Palmer, der Südwest-Grüne, hat es im Kampf um den Bahnhof Stuttgart 21 formuliert: Braucht man wirklich schnelle Züge, und wäre es nicht besser, alles bliebe, wie es ist? So ist ein antimoderner, grünlackierter Konservatismus der gehobenen Bürger entstanden. Diesmal steht er wortreich für seinen Wortsinn: Stillstand und die Sehnsucht nach Beständigkeit. Kein gutes Zeichen für Deutschland.

18.09.2010

Verpackungsordnung
Über die deutsche Dämmonamie

Bis zum Sommer 2010 hat uns die Bundesregierung noch Grille sein lassen. Wir durften in den Tag hineinleben wie das leichtlebige Insekt in Jean de La Fontaines Fabel. Der gesetzliche Zwang, vorzusorgen und unsere Häuser oder Wohnungen zu dämmen, bis kaum mehr ein Fürzchen Wärme durch Mauer, Dach und Fenster entweichen kann, wurde ausgesetzt. Vorerst. Dabei wird es nicht bleiben. Energieverordnungen und Bauvorschriften werden ständig verschärft, irgendwann wird doch die ganz große grüne Gesetzesklatsche niedersausen, um uns auf den Weg der Ameise zu zwingen, die im Sommer emsig vorsorgt für den kalten Winter.

Das ist im Prinzip ja auch richtig, wer heizt schon gerne seinen Vorgarten. Das wird aber nicht einfach und schon gar nicht billig. In den kommenden Jahren wird Wohnen in Deutschland sehr, sehr teuer werden, je Eigenheim werden rund 70 000 Euro, je Wohnung im Schnitt 30 000 fällig. Auch das Bild unserer Städte droht sich zu verändern: Weil Ästhetik zurückgestuft zugunsten der Dämmung wird, werden die Fenster zu Schießscharten, werden vielfach Giebel und Erker der Spitzhacke zum Opfer fallen, Fachwerk und Klinker hinter Dämmtapeten verschwinden.

Das alles muss es uns wert sein, weil wir das Weltklima retten wollen. Und das ganz alleine. Ein internationales Klimaabkommen ist nicht in Sicht; auf dem Klimagipfel in Kopenhagen waren die Klimapropheten aus Berlin und Brüssel nicht einmal als Verhandlungspartner gefragt. Ziemlich einträchtig haben China, Indien und Brasilien hinter verschlossenen Türen darüber verhandelt, wie sie es hinkriegen, wenn in den beiden kommenden Jahrzehnten der weltweite Energieverbrauch um 50 Prozent steigt. Die Bundesregierung geht einen anderen Weg – der Stromverbrauch soll sich in den kommenden 40 Jahren trotz Elektroautos halbieren; schon bis 2050 der CO_2-Ausstoß um 80 Prozent sinken. Weil in der Industrie gar nicht mehr so viel zu holen ist, will man nicht die letzten energieintensiven Werke vertreiben, und weil der Verkehr der autoverrückten Deutschen wenig hergibt, sind jetzt als Retter der nationalen Klimaplanwirtschaft die Häuser und Wohnungen notwendiges Sparschwein.

In den Vorstädten Münchens und den Villenvierteln Düsseldorfs, in Berlin-Mitte und an den Uferpromenaden Potsdams, wird das durch den vorübergehenden Verzicht auf ein SUV zu schaffen sein. Aber was geschieht bei Rentnern, denen die Mittel schlicht fehlen? Fallen ihre alten Häuser gleich an die Styroporindustrie? Was in Berlin-Marzahn oder Köln-Kalk, wo die Mieten von fünf Euro im Schnitt pro Quadratmeter dämmungsbedingt auf acht oder neun Euro steigen müssten? Dort müssen die neuen Armen der Klimapolitik höher zusammenrücken oder höher subventioniert werden. Parteien und Sozialverbände, die sonst jeden eingesparten Euro als grausamen Sozialkahlschlag diffamieren, schweigen angestrengt. Das Vorhaben ist ehrgeizig. Denn es muss jeder, der ein Dach über dem Kopf hat und noch nicht in der Isolation eines Energiesparhauses wohnt, zahlen. Wirtschaftlich gesehen lohnt sich die Dämmung nicht; Kritiker nennen es sogar eine der größten Kapitalvernichtungsaktionen aller Zeiten. Das ist nur bedingt richtig. Es ist eher eine Wette auf die Zukunft, an der alle Deutschen Zwangsteilnehmer sind: Steigen die Energiepreise rapide, sitzen wir im Warmen, Vorbild für den frierenden Rest der nördlichen Halbkugel. Bleibt der Anstieg moderat, dann sitzen wir arm im Warmen, das Gespött der Nachbarn. Es ist auch eine Wette darauf, ob die neuen Kernkraftwerke in Tschechien, Frankreich und der Schweiz schnell genug ans Netz gehen, um die laut Energiekonzept vorgesehene Importlücke der einheimischen Stromproduktion von 30 Prozent schließen zu können, oder ob rechtzeitig der Strom aus der Wüste kommt.

Sagt doch die Ameise zur frierenden Grille: „Du hast den Sommer über musiziert? Wie hübsch. So tanze jetzt." Sind wir jetzt Grille oder Ameise?

23.10.2010

Das Wünsch-dir-was-Land
Baden-Württemberg als Modell für Deutschland

Nur von der Atomlobby bezahlte Bedenkenträger können solche unzeitgemäßen Fragen formulieren: „Raus aus der Atomkraft: Wie? Wann? Und dann? Wie schnell ist ein Ausstieg technisch und ökonomisch überhaupt zu bewerkstelligen?" Experten aus der Industrie, sogar ein leibhaftiger atomarer Vorstandsteufel aus dem Reich des bösen Stroms, der RWE, durften sich auf einer Veranstaltung zu den „komplexen Voraussetzungen für eine ökonomisch vernünftige, umweltfreundliche und versorgungssichere Energieversorgung in Deutschland" äußern. Kein Wunder, dass bei vielen Wirtschaftsvertretern diese Veranstaltung als fair empfunden wurde. Endlich konnte man mal wieder die bekannten Pro-Atom-Argumente austauschen – ganz anders etwa als in der Ethikkommission der Bundesregierung. Die damit beabsichtigte Vorverurteilung abweichender Meinungen ist ja schon in der Benennung der Kommission angelegt: Ist, wer sich gegen die herrschende Lehre der Ethikkommission stellt, nicht schon allein deshalb ein unethischer Mensch? Diesmal aber war es anders, eine rundum gelungene Sache. Das Seltsame war nur: Zum Industrietreff hatten Jürgen Trittin und Renate Künast von den Grünen geladen. Angela Merkels schneller Atomausstieg stellt ganz Deutschland auf den Kopf: „Mein Unternehmen und unsere Mitarbeiter – wir setzen auf Sie", fleht ein Aluminiumhersteller die Grünen an. Von der Union fühlt sich die Wirtschaft verprellt – dort wird die Energiewende nur auf internen Funktionärskonferenzen verhandelt, in der die Parteiführung wie einst in der SED die Kursänderung den staunenden, aber nickwilligen Kadern einpeitscht.

Nun muss man ja nicht alles glauben, was im Berliner Gezerre um Zeitungsschlagzeilen von Parteistrategen so alles versprochen wird. Die Grünen in Baden-Württemberg aber müssen den Wahrheitsbeweis jetzt antreten – im führenden Industrieland, das zum ökologischen Musterreservat umgebaut werden soll. Ist es ein Modell für Deutschland? Jetzt zeigt sich – mit Marktwirtschaft hat das nicht mehr viel zu tun: Die Ökologie dient als Rechtfertigung für Planung und Lenkung en gros und en détail – von vegetarischen Schulkantinen bis hin zum Autodesign. Wie selbstverständlich wird vorausgesetzt, dass eine Regierung, deren Abgeordnete mehrheitlich Sozialarbeiter und Sozialpädagogen sind, am besten weiß, wie man Arbeitsplätze im Land halten und Absatzchancen rund um den Globus aufspüren kann: Es ist der alte deutsche Irrglaube, dass der Bürgermeister von Schilda weiß, was die Welt im Innersten zusammenhält. Wettbewerb als Entdeckungsverfahren? Diese Erfolgsformel wird ersetzt durch die „staatliche Innovationspeitsche". Der Unternehmer ist der Esel, dem man die Richtung einprügelt und auch mal das Möhrchen (vermutlich aus ökologischem Landbau) in Form einer Subvention hinhält, damit er nicht ganz die Laune verliert. Dabei ist der Einfallsreichtum eher übersichtlich: Viel ist von Mobilitätskonzepten die Rede, die sich beim genaueren Hinschauen als Pkw-Maut und Tempolimit entpuppen; das grüne Energiekonzept realisiert sich in Form von Windparks auf den Höhenzügen des Schwarzwalds. Gut, dass der neue Ministerpräsident Winfried Kretschmann eine ehrliche Haut ist – er spricht erstmals aus, dass die großflächige Landschaftsveränderung durch die erneuerbaren Energien unvermeidlich sein wird.

Aber es gibt auch Überraschungen: Wer geglaubt hat, das grün-rote Baden-Württemberg werde sich brav in die Reihe sozialdemokratisch geführter Landesregierungen einreihen, sieht sich getäuscht: Wegen der Schuldenmacherei grenzt sich die finanzpolitisch solide grün-rote Koalition in Stuttgart von der unsoliden rot-grünen Variante in Düsseldorf ab.

Willkommen im Wünsch-dir-was-Land der Postmoderne und einer derzeit alles möglich machenden Sonderkonjunktur. Da lässt es sich noch leicht regieren. Der Realitätstest kommt noch. Wir sind die Kaninchen in den Versuchslaboratorien einer entfesselten Politik.

07.05.2011

Rettet die Natur
Plädoyer für eine neue Ökobewegung

Ohne menschliche Eingriffe wäre Deutschland immer noch von dichten Laubwäldern bedeckt. Durch Unterholz und Farne bräche gelegentlich eine Rotte Wildschweine, in den Wipfeln wäre keine Ruh'. Der berühmte deutsche Wald ist eher arm an Tier- und Pflanzenarten. Immer wieder hat die Umgestaltung der Landschaft auch geistesgeschichtliche Veränderungen provoziert: Der Verlust des Waldes sorgte für eine überschäumende Naturromantik; gegen die Verstädterung und Industrialisierung zogen sozialdemokratische Naturfreunde, libertäre Wandervögel, bürgerliche Wandervereine und eine völkische Bewegung in die „freie" Natur hinaus. Das „Waldsterben" der Siebzigerjahre war der Wendepunkt hin zu einer Ökologisierung des Bewusstseins, das von den Rändern in das Zentrum von Politik und Wirtschaft wucherte. Das ist gut so, denn der Natur- und Ressourcenverbrauch plündert den Blauen Planeten, von dem wir kein zweites Exemplar im Rucksack haben. Umso erstaunlicher ist, dass die jüngste Phase der Naturzerstörung nicht thematisiert wird: die Ökoindustrialisierung Deutschlands im Zeichen der erneuerbaren Energien, die Naturlandschaften nicht nur nachhaltig verändert, sondern auch so schnell wie nie zuvor.

Bis auf wenige Kilometer ist bereits die gesamte Nordseeküste verspargelt – riesige Windkrafttürme mit gigantischen Rotoren beherrschen den Horizont. Auch in den Mittelgebirgen schießen die Betonspargel in den Himmel, selbst der Hochschwarzwald bleibt nicht verschont. Dass die Gemeinde Waging, in der einst der legendäre Grüne Sepp Daxenberger Bürgermeister war, sich dagegen wehrt, erinnert an den Widerstand des kleinen gallischen Dorfes im Asterix-Comic. Dass der Tübinger Grünen-OB Boris Palmer mit seinen Stadtwerken in Windparks in der Nordsee investiert, entspricht mehr dem neuen Ökozeitgeist: hinaus aufs Meer, wo Bürgerinitiativen keinen Zulauf finden. Wir schützen ferne Korallenriffe, aber verjagen Zugvögel. Rund 8000 Kilometer neue Windstromautobahnen von wenigstens 90 Meter Breite sollen Deutschland von Nord nach Süd zerschneiden. Gerade ging der Tauberlandpark ans Netz – was romantisch klingt, ist ein 80 Fußballfelder großes Meer aus Solarspiegeln, das Strom für gerade mal eine Kleinstadt liefern soll. Heute sehen in Süddeutschland viele altehrwürdige Bauernscheunen aus wie notgelandete Ufos – total solarverspiegelt. Kein Winkel bleibt verschont vom Eifer der Strombauern: An der Alz, dem lange Zeit letzten unverbauten Fluss Bayerns, surren neuerdings Kleinwasserkraftwerke vor einer Beton-Staumauer. Die Äcker Nord- und Mitteldeutschlands verwandeln sich derweil in Rapsfelder für Biodiesel – grellgelb blühende Monokulturen, in denen

Bienen wohl nur noch mit Sonnenbrille überleben. Der Naturbrennstoff Holz wächst in Form neuer Pappelwälder – aber es sind nicht die himmelhoch rauschenden Pappeln unserer Imagination. Der Wald besteht vielmehr aus Gestrüpp, das nach drei Jahren automatisch „geerntet" wird.

Die herrschende ökologistische Lehre geht davon aus, dass Kohle, Öl und Gas die größten Posten in der deutschen Importrechnung sind – und irgendwann sei der Vorrat verbrannt, das Klima ruiniert. Der Naturschutz der vergangenen vier Jahrzehnte müsse daher zwingend der Energie-Industrialisierung geopfert werden. Über das Erneuerbare-Energien-Gesetz fließen Hunderte von Milliarden Euro in Formen der Energiegewinnung, die auf absehbare Zeit extrem unwirtschaftlich bleiben. Was lange Spielerei der Ökobewegten war, ist heute eine Subventionsmaschine für den ökoindustriellen Komplex, der flächendeckend die Natur dem Geschäft mit dem Klimawandel unterwirft; dominiert wird dieser von Industriegiganten, die sich auf diese Weise auch noch ein grünes Mäntelein umhängen.

Es wäre an der Zeit, eine neue Ökologiebewegung zu gründen, die gegen diese Ökoprofitbewegung zu Felde zieht und realistische Kosten-Nutzen-Abwägungen trifft, statt eine subventionierte Ideologiewirtschaft zu betreiben.

08.01.2011

Harte Zeiten für die neuen Helden
Über grüne Wunschkonzerte

Schade, dass moralisierendes Gerede und romantische Träume keinen Strom erzeugen. Bis es so weit ist, sollten wir diskutieren, wie die Rahmenbedingungen einer Energiepolitik für den Industriestandort Deutschland bei einem schnellen Atomausstieg aussehen könnten.

Bis 2050 werden dann Kosten und Investitionen in Höhe von 1455 Milliarden Euro für den Umbau zu regenerativen Energien fällig. Das entspricht den Kosten der Wiedervereinigung. Diese Zahl, errechnet aus den Analysen des grün orientierten Sachverständigenrats für Umweltfragen, wurde kaum zur Kenntnis genommen. Weitere Konsequenzen: Die Klimaziele sind nicht zu halten. Allein während des dreimonatigen Atom-Moratoriums werden anstelle der sieben stillgelegten Reaktoren Kohle- und Gaskraftwerke eine CO_2-Menge in die Luft jagen, die der durch regenerative Energien eingesparten Menge eines ganzen Jahres entspricht. Der grüne Strom ist dreckig und teuer.

Für mindestens 10 bis 15 Jahre werden fossile Kraftwerke die einzige tatsächlich verfügbare alternative Energiequelle sein. Wir sollten uns verabschieden von einer öffentlichen Debatte, die von einem schnellen und billigen Umstieg träumt. Natürlich ist das möglich – langfristig. Es ist aber doch sehr erstaunlich, wie leichtfertig vage Ideen und visionäre Konzepte für die Tat genommen werden. Die großtechnische Umsetzung von Windparks, Gezeitenkraftwerken, Stromleitungen, Energiespeicheranlagen (für die es außer Speicherseen vorerst nur Konzepte gibt), aber auch flächendeckende Wärmedämmung und effizientere Maschinen für Industrie und Haushalt sind ein zeitfressendes Mammutprogramm. Damit werden viele neue Arbeitsplätze entstehen. Es werden aber nicht nur ökologisch-idyllische sein. Wir werden auch über die Wiederbelebung des Steinkohlebergbaus nachdenken. In stromintensiven Branchen, von der Chemie- bis zur Automobilbranche, werden Arbeitsplätze verloren gehen. Bayern und Baden-Württemberg, weit weg von Kohle und Wind, werden am härtesten zu leiden haben. Zu den Verlierern werden auch einige Hoffnungsindustrien gehören. Es ist kaum vorstellbar, dass wir weiterhin mit über 100 Milliarden Euro Solarenergie und Biogas subventionieren, Techniken, die keinen merklichen Beitrag zur Energieversorgung leisten. Dazu kommen die Zerschneidung der letzten Naturräume durch Stromtrassen, der Anbau lebensfeindlicher Energiepflanzen, CO_2-Kavernen und noch mehr enervierende Windparks.

In der Debatte machen sich Gedanken breit, die unselige Assoziationen auslösen: Schon wird von einer „Westfront" gegen Frankreichs Nuklearreaktoren geredet, werden norwegische Fjorde für deutsche Speicherkraftwerke verplant oder Importverbote für chinesische Solaranlagen gefordert. Und die Bundesregierung will ernsthaft anderen Ländern die Prüfung ihrer Energieanlagen vorschreiben. Der deutsche Romantizismus, der Größenwahn und die aggressive Sprunghaftigkeit finden neue Betätigungsfelder.

Macht die Bevölkerung dabei mit? Wer könnte den breiten gesellschaftlichen Konsens gestalten und tragen? Die Union hat mit ihrem Atom-Populismus, nach Libyen-Debakel und ihren gebrochenen Währungsversprechen Glaubwürdigkeit verspielt. Die SPD muss erst zurück aus der sozialpolitischen Randständigkeit zu einer realistischen Industriepolitik finden. Und die Grünen in der Stunde ihres Triumphs die wohl folgenschwerste Aufgabe meistern: die Wende zum Dafürsein – und das erfordert, auch schmerzhafte, unpopuläre Maßnahmen durchzusetzen. Die Helden des Protests müssen dann die Enttäuschung ihrer Wähler aushalten, denen man Realitäten schlicht verschwiegen hat. Mit den Kernkraftwerken wird auch das ökologische Wunschkonzert abgeschaltet, von dem man sich mittels billigen Atomstroms einlullen ließ. Aber so ein tragfähiges Konzept ist nicht in Sicht. Deutschland schwimmt.

26.03.2011

Im Rückwärtsgang in die Zukunft
Vom Umbau in die Ökorepublik

Der preisgekrönte Archäologe und Historiker Ian Morris versucht in seinem neuen, ebenso spannenden wie vielschichtigen Werk eine Antwort auf die Frage „Wer regiert die Welt? Warum Zivilisationen herrschen oder beherrscht werden". Seine Erfolgsfaktoren im Kampf um Macht sind militärische Stärke, Bildung, Organisationsfähigkeit – und Herrschaft über Energieressourcen. Das zeigt die historische Dimension der Frage, die gerade im populistischen Hauruck-Verfahren gelöst wird: Deutschland wird wegen ihrer Risiken auf die Atomenergie verzichten. Das ist möglich. Der Umbau vom „Atomstaat" in eine Ökorepublik wird Jahrzehnte dauern, weil Kraftwerkpark und Leitungsnetze umgebaut werden müssen. Es wird teuer, weil die zumindest vordergründig billige Atomenergie durch weniger effiziente Energiegewinnung oder mit aufwendigen Sparmaßnahmen kompensiert werden muss. Das hat massive Auswirkung auf Wohlstand und Arbeitsplätze: Das Erneuerbare-Energien-Gesetz pumpt schon heute pro Jahr weit mehr als zehn Milliarden Euro von den privaten Haushalten zu den Produzenten regenerativer

Energie. (Weil die „Atomkonzerne" RWE, E.On und EnBW längst in riesige Windparks investieren, ist es ein Treppenwitz, dass sie erneut die Subventionsgewinner sein werden.) Das wird für Otto Normalverbraucherin schnell sehr teuer. Mit rund 18 Prozent Kostensteigerung rechnet das Deutsche Institut für Wirtschaftsforschung; das gilt unter Fachleuten als Untergrenze der Erhöhung. Die schnell steigenden Energiekosten für die Industrie werden deren globale Wettbewerbsfähigkeit weiter verschlechtern. Das wird die ohnehin schleichende De-Industrialisierung Deutschlands beschleunigen. Grundstoffindustrien, Metallverarbeitung, aber auch Chemie und Automobilbau stehen zur Debatte. Es wird ein gefährlicher Wettlauf zwischen Arbeitsplatzverlust und erhofftem Aufbau in alternativen Branchen.

Die ehrgeizigen Klimaziele, für die man nun jahrelang geworben hat, sind nicht mehr haltbar, wenn jetzt landauf, landab Gaskraftwerke und alte Kohlestinker angeheizt werden. Wie reagieren die Bürger darauf? Können die neuen Schneisen für die Stromtrassen unter dem Eindruck des Japan-Schocks schneller geschlagen werden? Beerdigen Bürgerinitiativen ihren Widerstand gegen unterirdische CO_2-Speicher? Da kann man nur hoffen – eher aber könnte sich der Widerstand der neuen Protestgeneration auch gegen jedes beliebige großindustrielle Vorhaben richten: vom Bahnhof in Stuttgart über Kohlekraftwerke hin zu Chemieanlagen mit ihrem ebenfalls gigantischen Gefährdungspotenzial. Dann wird Deutschland zum Stillstandort. Ein Ausweg wäre ein Investitionsbeschleunigungsgesetz, mit dem der grüne Bürgerprotest gegen grüne Energiepolitik niedergebügelt wird. Dann müsste Deutschland mit massivem Polizeieinsatz „grüne" Kohlekraftwerke und unterirdische CO_2-Speicher durchsetzen.

Mit der Energiefrage stellt sich auch die politische Machtfrage. Das bürgerliche Lager ist nach Finanzkrise und Guttenberg-Skandal demoralisiert; die moralisierende Anti-Atom-Keule bringt es zum verstummen. Die kommenden Wahlen werden wohl zu Festspielen rot-grüner Bündnisse. Aber an ihrer Spitze wird nicht mehr wie einst mit Gerhard Schröder ein „Genosse der Bosse" marschieren – sondern erklärte Gegner marktwirtschaftlicher und wirtschaftsfreundlicher Lösungen. Ein Kanzler Marke Trittin wird nicht nur das Energieproblem lösen müssen, sondern auch soziale Konflikte, wenn ständig wachsende Einkommen als Kitt des sozialen Friedens entfallen.

Hier geht es nicht um die Rettung der Atomkraftwerke. In der aufgeregten Debatte des wohlstandssatten Deutschlands werden Probleme verniedlicht, die von den Wohlstandshungrigen als Chance interpretiert werden. Ian Morris' Grundmuster der Geschichte zeigen: Aus der Geschichte gibt es keinen Ausstieg. Sie marschiert weiter, oft genug getrieben von launenhaften Narreteien und Zufällen.

19.03.2011

Gut gemeint, ist nicht gut gemacht
Über Biosprit und Weltklimarettung

Ich habe einen Traum. Ein Bundesminister tritt zurück. Bundesumweltminister Norbert Röttgen erklärt: „Die Einführung von Biosprit, bekannt unter der Formel E10, war falsch. Die Beweislage, und das übrigens schon seit zehn Jahren, ist eindeutig: Dieser Sprit hilft nicht bei der Rettung des Weltklimas; wer Mais in den Tank kippt, verschärft die weltweite Nahrungsmittelknappheit und trägt dazu bei, dass unsere Ökosysteme zerstört werden. Außerdem werden viele Automotoren ruiniert, und unnötigerweise steigt auch noch der Benzinpreis. Ich übernehme für diese Fehlentscheidung die politische Verantwortung und trete von meinem Amt zurück."

Das wäre politischer Anstand! Endlich ginge es einmal um Ernsthaftes! Endlich einmal klare Worte und nicht irgendwelche verschwurbelten Entschuldigungen. Das wäre ein Signal, das den Bürgern Vertrauen in die Vernunftbegabtheit der Politik zurückgeben könnte, und es soll auch nicht zu Röttgens Schaden sein: Ich würde sofort eine Wählerinitiative gründen mit dem

Klimawandel

Ziel, ihn zum Ministerpräsidenten des Landes Nordrhein-Westfalen zu machen. Die hätten es nötig.

Aber leider wird dieser Traum nicht wahr. Denn es geht ja nicht nur um Norbert Röttgen – das gesamte Bundeskabinett hat die EU-Richtlinie zu E10 übernommen, die Bundestagsabgeordneten die Pfötchen gehoben, der Bundespräsident ein Schaden über das deutsche Volk bringendes Gesetz unterzeichnet. Das Raumschiff Berlin hat abgehoben, und der Funkkontakt zur Wirklichkeit ist abgerissen. Uns, den Opfern dieser Politik, bleibt die Frage im Hals stecken: Warum lassen wir uns so einen Unsinn gefallen?

Politik wird immer häufiger mit reinen Symbolen betrieben – irgendwie ist Grün und Klimaschutz für die Wähler wichtig, also machen wir irgendetwas, was nach Öko klingt. Der Inhalt ist wurscht, das versteht ohnehin keiner. Das Bewusstsein dafür, dass gut gemeint noch nicht gut gemacht bedeutet, ist verloren gegangen. Große Ziele, wie die Rettung des Weltklimas, dürfen nicht zerredet werden. Fakten stören nur, wenn es um Glaubensfragen geht. So ein Pech auch für die Wirklichkeit oder die Wirtschaft, wenn sie nicht zur Regierungsvorlage oder zum Parteiprogramm passen!

Der Grund liegt in den Allmachtsfantasien der Politik. Selbstverständlich ist es die Aufgabe der Politik, der Wirtschaft Rahmen und Zielvorgaben zu setzen, Grenzwerte festzulegen und bei Bedarf zu verschärfen. Neuerdings aber glauben Politiker und Beamte zu wissen, welche Rezepte die Welt retten. Der Wettbewerb als Entdeckungsverfahren hat ausgedient. Die Marktwirtschaft wird zum Erfüllungsgehilfen degradiert. Dummerweise ist im Raumschiff Berlin die klitzekleine Erkenntnis unter das Steuerpult gefallen, dass Märkte immer wirken, auch da, wo man sie weder braucht noch vermutet.

Die Menschen reagieren auf die Lenkungsanreize, wie sie zum Beispiel das Erneuerbare-Energien-Gesetz setzt, mit aller Macht und sehr viel schneller und entschiedener, als sich das Politiker haben vorstellen können. Die Folge ist eine groteske Fehlallokation von Ressourcen, eine Zerstörung von Wohlstand, Wohlfahrt und Umwelt gleichermaßen. Aber während Märkte schnell und hart reagieren, braucht Politik ewig, um Fehler zu erkennen, und noch viel länger, um sie zu korrigieren. Zum einen, weil Politik neuerdings immer mehr mit Moral und immer weniger mit Wirklichkeit argumentiert. Und zum anderen, weil der Lobbyismus das geschmierte Gelenk zwischen Politik und Markt bildet. Mit staatlichem Zwang und falsch gesetzten Anreizen lässt sich sehr viel mehr Geld verdienen als mit Gütern und Dienstleistungen für kritische Konsumenten. Jedes dumme Gesetz wird daher bald von Lobbymillionen verteidigt. Norbert Röttgen ist ja klug und weiß, dass er gleichermaßen Täter und Gefangener ist. Deshalb wird er auch nicht zurücktreten, und ich werde keine Wählerinitiative gründen müssen.

03.03.2011

Löcher in der Glasdecke
Über heimliche Herrscherinnen

Es wird ja heutzutage allerlei geschrieben über Quoten für Frauen in Führungspositionen, in Vorständen und Aufsichtsräten. Eine letzte Männerdomäne gilt es zu schleifen! Dabei haben in einem erheblichen Teil der deutschen Wirtschaft längst Frauen die Macht übernommen und bauen sie aus: Ferdinand Piëch hat bestimmt, dass seine Frau Ursula ihm nachfolgen soll als bestimmende Mehrheitsaktionärin bei VW, dem vielleicht schon bald weltgrößten Automobilkonzern. Stellen wir uns vor, Uschi Piëch lädt zum Tee und trifft sich bei diesem Anlass in Salzburg oder Kitzbühel mit Johanna Quandt, der großen Dame hinter BMW, und Maria-Elisabeth Schaeffler, Dirigentin von Schaeffler/Continental, einem der weltgrößten Autozulieferer. Da würde dann an einem schön gedeckten Tisch das Schicksal von 60 Prozent der deutschen Automobilindustrie verhandelt.

Frauen, die das Erbe ihrer großen Männer antreten, sind nach Jahren an seiner Seite häufig selbst zu großen Unternehmerinnen geworden, auch wenn sie dazu nicht ausgebildet waren. Einige haben sogar jahrhundertealte Imperien vor dem Ruin gerettet, wie Fürstin Gloria von Thurn und Taxis. Erinnern wir uns: So ein riesiges Vermögen könne man nicht versaufen, nicht verspielen, nur verdummen, hatte ihr Gatte einst gesagt. Einigen Männern mit Prädikatsexamen in der Tasche und Berufserfahrung bei McKinsey wäre das fast gelungen, eine Familie nach 500 Jahren vom Schlosshof zu jagen, wäre ihnen damals nicht die junge Fürstin in die Quere gekommen. Auch Liz Mohn hat das Erbe ihres Mannes noch zu seinen Lebzeiten gerettet, indem sie Bertelsmann aus den fein gesponnenen Fängen von Thomas Middelhoff befreite, dieses Verspielers deutscher Milliardenvermögen. Menschenkenntnis und Lebenserfahrung helfen manchmal beim Durchschauen ausgebuffter Finanzierungstricks weiter als ein MBA. Auch Friede Springer – was haben die Flanellmännchen im Vorstand doch gelästert über „seine Kleine" – hat in brutalstmöglichen Übernahmeschlachten dem Medienkonzern die Unabhängigkeit bewahrt.

Offensichtlich ist Frauen die wirtschaftliche Unabhängigkeit noch wichtiger als den Unternehmensgründern, und sie denken langfristiger, dynastisch eben: Die Unternehmen expandieren dabei. Herbert Quandt hat BMW davor bewahrt, von Daimler geschluckt zu werden. Seine Frau Johanna hat den Kurs bei- und genialen Managern den Rücken freigehalten. Heute beneiden sie in Stuttgart die Münchner um eine solide Ankeraktionärin, die auch dann die Ruhe behält, wenn es wie bei Rover einmal kritisch wird. Allerdings: Wenn nötig rollen im Quandt-Haus, in Berlin oder Gütersloh die Köpfe untauglicher Manager auch schneller, als dies in der Gemeinschaft der Seilschaften in Vorständen und Aufsichtsräten sonst üblich ist. Umgekehrt belohnen die Damen Treue und Loyalität – so wie ihre eigene auch belohnt wurde. Erfolgsmanager in solchen Frauenkonzernen haben längerfristige Perspektiven als in Firmen, die der wankelmütigen Laune von Finanzmarktinvestoren ausgesetzt sind. Lassen wir uns nicht von dem geübten Vorurteil täuschen, Frauen wären nur weiche, ängstliche oder risikoscheue Bewahrer ererbter Traditionen. Maria-Elisabeth Schaeffler ist eine Conquistadora. Sie hat unter höchstem, manche sagen zu hohem Risiko zunächst mit Kugelfischer und später mit Continental größere und scheinbar unangreifbare Konzerne erobert. Warum wird über die mächtigen Damen so wenig geschrieben? Vielleicht, weil sie die älteste Unternehmensform der Welt vertreten, die leider derzeit etwas unmodern ist: das verschwiegene Unternehmen Familie.

25.09.2010

Zukunft ohne Arbeit oder Arbeit ohne Zukunft
Warum alte Regeln auf den Kopf gestellt werden müssen

Es war ein Bestseller des Jahres 1995, und der Titel lautete lapidar: „Das Ende der Arbeit". Dabei hatte der Soziologe Jeremy Rifkin zu Papier gebracht, was seit Anfang der Achtzigerjahre in Deutschland als politisches Programm galt: dass uns die Arbeit ausgeht und die immer knapper werdende Arbeit gleichmäßiger auf alle Schultern verteilt werden müsse. Der Deutsche Gewerkschaftsbund ließ die Massen für die 35-Stunden-Woche demonstrieren, der Arbeitsminister schickte die Arbeitnehmer schon als 50-Jährige in die Rente, und die Studienzeiten wurden verlängert; schon seit 1973 galt ein Anwerbestopp für Ausländer. Jedes Jahr wurde zum 1. Mai ein allgemeines Überstundenverbot gefordert. Das klingt wie aus einer anderen Zeit – denn jetzt diskutieren wir seit ein paar Wochen über Fachkräftemangel. Es ist fast so, als ob sich zwischen Sommerferien und Allerheiligen die Welt so um sich selbst gedreht hätte, dass plötzlich nicht die Arbeit, sondern die Arbeiter knapp geworden wären.

Die Konjunktur allein ist es nicht gewesen. Trotz der beeindruckenden Wachstumszahlen seit Sommer 2010. Es ist vielmehr die Überlagerung von konjunktureller Erholung und demografischer Entwicklung, wobei Letztere die stärkere, die am wenigsten beeinflussbare Kraft ist. Darüber wird seit Langem geschrieben, aber erst in diesem Jahr erleben wir den Kipp-Effekt, der schlagartig aus papierenen Prognosen und schleichenden Prozessen eine neue, brutal veränderte Wirklichkeit erzeugt. In den kommenden, überschaubaren zehn Jahren werden für 175 Arbeitnehmer, die aus dem Berufsleben ausscheiden, nur 100 Berufseinsteiger nachrücken. Das ist eine Zeitenwende am Arbeitsmarkt.

Nun lassen sich Angebot und Nachfrage nach Arbeit nicht nur an Köpfen abzählen, sondern hängen sehr stark von sozialen Regeln ab. Genau darin liegt die Herausforderung der nächsten Jahrzehnte: Wir müssen Antworten darauf finden, dass uns nicht die Arbeit ausgeht, sondern die Arbeiter – wir müssen also Rifkin neu denken.

Wie das funktionieren kann, zeigen die Hartz-Gesetze. Seit sie gelten, besteht ein zwar schwacher, aber doch wirksamer Anreiz, auch schlechter bezahlte und unattraktive Jobs anzunehmen. Dabei wird es nicht bleiben können. In den kommenden Jahren wird es darum gehen, die stille Reserve am Arbeitsmarkt, also jene, die es sich mit Sozialleistungen ganz gut eingerichtet haben, in den Arbeitsmarkt zu bringen oder sogar durch Leistungskürzungen zu zwingen. Auch wenn es manche nicht gerne hören wollen: Deutschland wird darüber hinaus ausländische Fachkräfte anwerben müssen. Das ist ein weiterer Schritt auf dem Weg, der die Arbeitsmarktpolitik der vergangenen drei Jahrzehnte in ihr Gegenteil verkehrt. Eigentlich sind wir bereits auf diesem Weg, und der Widerstand dagegen ist lautstark: Gestrige Populisten wie Sigmar Gabriel von der SPD stemmen sich gegen die Rente mit 67; Studentenproteste lärmen für längere Höchststudienzeiten, und Eltern leiden unter G8, dem Kürzel für den schnelleren Weg zum Abitur.

Auf betrieblicher Ebene werden die Veränderungen nicht weniger radikal sein: Die Personaler müssen von harten Hau-Raus wieder auf freundliche Anwerbung umschulen. Firmen an der Grenze zur Unwirtschaftlichkeit, die mit Unterstützung der Betriebsräte die Löhne niedrig gehalten haben und dazu aus den flächendeckenden Tarifverträgen ausscheren durften, werden zukünftig wieder besser zahlen müssen oder über die Klippe gejagt. Wenn aus der Konkurrenz um Arbeitsplätze eine Konkurrenz um Arbeitskräfte wird, gelten neue Spielregeln. Unattraktive Berufszweige drohen auszusterben: Schon heute will kaum jemand mehr Metzger werden oder frühmorgens um drei Uhr schlaftrunken in die Backstube wanken. Die Arbeit geht nicht aus. Aber manche wird liegen bleiben – oder von anderen erledigt werden.

06.11.2010

Einwanderersprech
Wie die Parteien mit ritualisierten Sprüchen
an der Wirtschaft vorbeireden

Einen „Aufschrei" richten Altersheime an die Politik – ohne Pflegekräfte aus dem Ausland droht der Pflegenotstand. Die kirchlichen Einrichtungen zitieren den Kirchenvater Augustinus. „Gott versprach Deiner Reue Vergebung, nicht aber Deiner Saumseligkeit einen neuen Tag". Das war 1989. Seither ist wenig geschehen. 300.000 Mitarbeiter fehlen allein in privaten Pflegeheimen, klagten die Betreiber vergangene Woche und hoffen auf einen „Herbst der Entscheidung", der endlich die Einwanderung liberalisieren soll. Als wären 20 vertane Jahre nur ein saumseliger Tag, fordert Bayerns Ministerpräsident Horst Seehofer einen Zuwanderungsstopp aus „fremden Kulturkreisen". Auch für seinen hessischen Kollegen im Nichtverstehen, Volker Bouffier, ist die Lösung des Facharbeitermangels per Einwanderung „ziemlich absurd". Im rot-grünen Lager ist die Einsichtsfähigkeit nicht höher. Claudia Roth von den Grünen schwadroniert reflexhaft vom „Rechtspopulismus" der Union, und SPD-Chef Sigmar Gabriel hält entschlossen den Finger in die Luft, um zu fühlen, wo der Wind der Meinungsumfragen gerade herweht. So hat sich die deutsche Politik seit Jahrzehnten gegenseitig blockiert: Hier die Verleugnung von millionenhafter Einwanderung und Einwanderungsnotwendigkeit – dort der irreale Multikulti-Traum mit der zunehmend gequält wirkenden Verharmlosung der ebenso offenkundigen Problemlagen in den prekären Stadtvierteln mit kaum integrierbaren Gruppen. Es ist ein ritualisierter Schlagabtausch der Politik ohne Rücksicht auf die Wirtschaft.

Die Fakten sprechen eine eindeutige Sprache: 400.000 technische Fachkräfte fehlen schon jetzt, und jährlich schrumpft die Zahl der Deutschen im Alter zwischen 20 und 64 Jahren um weitere 250.000 Menschen. Zudem haben in den vergangenen Jahren 150.000 hoch Qualifizierte im Jahr Deutschland verlassen – während nur 400 ähnlich Qualifizierte eingewandert sind. Sagen wir es ungeschützt: Die geltenden gesetzlichen Regelungen führen dazu, dass die Klugen gehen und die Unwilligen oder schwer Integrierbaren kommen. Folglich muss die Einwanderung von Qualifizierten dramatisch erhöht werden, auch wenn sich die Union gegen jegliche Einwanderung sperrt. Gleichzeitig muss die Zuwanderung in die Sozialsysteme verhindert werden, wozu maßgeblich die Politik von Rot-Grün geführt hat, die die Sozialämter für Migranten geöffnet, den Zugang zum Arbeitsmarkt aber blockiert hat. Die Migration muss sich endlich an den Bedürfnissen der Wirtschaft orientieren. Das liegt auch im Interesse derjenigen, die nach Deutschland wollen: Der Arbeitsplatz, der das eigenverantwortliche und selbstbestimmte Streben nach Fortkommen und Wohlstand für die Familie erst ermöglicht, ist gleichzeitig der wirksamste und beste Integrationsmotor. Vorbilder gibt es längst und auch Modelle wie etwa den Plan der Süssmuth-Kommission aus dem Jahre 2001 – ein Punktesystem, das die Einwanderung nach Fähigkeiten der Bewerber und den Defiziten des Arbeitsmarkts steuert. Die Union stoppte das Vorhaben aus Ignoranz; Rot-Grün ist dagegen, weil Menschen nicht nach ihrer Tauglichkeit bewertet werden sollen. Dabei wird übersehen, dass Einwanderung sehr wohl dem Einwanderungsland Nutzen bringen soll und dass die Überlastung der Sozialsysteme die Ausländerfeindlichkeit erst anheizt, die anschließend beklagt wird. Ökonomische Wahrheiten dürfen nicht länger mit der Phrasenwelt des Politsprechs überdeckt werden.

Ich persönlich kann und will mir Deutschland nicht mehr ohne meine türkischen und spanischen und osteuropäischen Nachbarn, Kollegen und Freunde vorstellen. Statt neuer Sozialprojekte und Ausländerbeauftragten, an die Stelle dümmlicher Rituale sollten wir darauf setzen: Wirtschaftlich orientierte Menschen nehmen ihre Zukunft schon selbst in die Hand. Die Aufgabe der Politik ist es, dafür die richtigen Weichen zu stellen.

16.10.2010

Neue (Fach)Kräfte braucht das Land
Das Hin und Her in der Arbeitsmarktpolitik

So schnell kann's gehen: Während gestern noch der wirtschaftliche Weltuntergang beschworen wurde, jammert jetzt die Industrie über Facharbeitermangel. Und die Politik denkt inzwischen immer lauter darüber nach, wie Deutschland für Zuwanderer attraktiver werden könnte. So etwas passiert, wenn sich ein Kurzfristtrend und eine langfristig angelegte Entwicklung überlagern: Derzeit beschleunigt der Exportboom der deutschen Industrie die Arbeitskräfteknappheit, die durch die langfristige Überalterung und Schrumpfung der Bevölkerung angelegt ist. Deswegen muss man jetzt nicht gleich in hektische Betriebsamkeit verfallen. So richtig traut ja auch keiner der augenblicklichen Superkonjunktur, und das ist der Grund, warum vor allem die Leiharbeit boomt – allein 35 Prozent der neuen Arbeitnehmer sind Zeitarbeiter. Nach wie vor haben wir 3,2 Millionen Arbeitslose, und unterhalb der gut abgesicherten und ordentlich entlohnten Stammbelegschaften hat sich in den vergangenen Jahren ein flexibler Arbeitsmarkt zu Billiglöhnen herausgebildet. Auch wenn sich die Lage für ältere Mitarbeiter bei der Stellensuche deutlich gebessert hat – die Rente mit 67 ist noch lange nicht Wirklichkeit, sondern erst ein Vorhaben. Ohnehin fehlen verlässliche Daten über die wahre Unterbeschäftigung in Deutschland, die auch die verdeckte Arbeitslosigkeit umfasst.

Seit fast 40 Jahren war es ja das erklärte Ziel der Arbeitsmarktpolitik, das Arbeitskräfteangebot klein zu halten, Menschen durch Frühverrentung aus dem Arbeitsmarkt zu drängen, Zuzüge aus dem Ausland zu stoppen, Ausbildungszeiten künstlich zu verlängern und Arbeitszeiten möglichst zu verkürzen – schließlich, so das Credo der Arbeitsmarktpolitik, ginge uns ja die Arbeit aus. Inzwischen erleben wir die Umkehrung scheinbar unumstößlicher Gesetze: Jetzt geht uns nicht mehr die Arbeit aus, sondern Jahr für Jahr fallen 390 000 Arbeitskräfte weg. Das stellt viele Unternehmen und Personalchefs vor neue Herausforderungen. In der Industrie müssen Arbeitsprozesse umstrukturiert werden, damit auch Ältere mit den körperlichen Belastungen umgehen können. Zukünftig werden beispielsweise deutsche Autofabriken mit Standorten in Tschechien oder Slowenien konkurrieren müssen, deren Belegschaften im Schnitt um zwei Jahrzehnte jünger sind.

Bei älteren Belegschaften nimmt nicht die Krankheitshäufigkeit, dafür aber die -dauer zu. Eine Grippewelle kann da zum betriebswirtschaftlichen Fiasko werden. Auch die Forderung vom lebenslangen Lernen muss endlich mit Leben gefüllt werden. Bei Fort- und

Weiterbildung liegt Deutschland europaweit immer noch nur im Mittelfeld. Aber wer das Lernen erst verlernt hat, lernt nie mehr etwas.

Bislang war das für Unternehmen einfacher. Die Erneuerung der Wissensbasis erfolgte über den Drehtüreffekt am Arbeitsmarkt – jung rein, alt raus. Diese bequeme Drehtür klemmt. Wie aber mit älteren Semestern die Entwicklungssprünge in allen Disziplinen, von der Technologie über Finanzierung bis hin zum Marketing, bewältigt werden können – dafür fehlen vielfach die Instrumente. Und noch eine deutsche Lebenslüge muss abgeräumt werden: Wir sind längst eine Einwanderungsgesellschaft geworden, und der Zuzug wird sich beschleunigen. Wie hat sich doch das Handwerk gegen die Konkurrenz aus Polen gewehrt – und wirbt jetzt jenseits der Oder aktiv um Azubis. Was uns fehlt, ist der Umgang mit dieser Wirklichkeit. Wir brauchen Integration und ein Punktesystem, das die Migration nach den Bedürfnissen Deutschlands organisiert. Ein hektischer Anwerbestopp und dann wieder -go – das wäre falsch.

14.08.2010

Die Bruttolüge

Vom XXL-Aufschwung kommt bei den Arbeitnehmern nichts an

In Deutschland steht die Welt mal wieder Kopf: Landauf, landab spielen die Unternehmer in den Boombranchen Auto, Maschinenbau und Chemie die besseren Gewerkschaftler und spendieren ihren Mitarbeitern Erfolgsprämien, oft mehrere Monatsgehälter. Die von den Gewerkschaften erkämpften Tarifgehälter dagegen steigen im Schnitt nur zwischen 2,0 und 2,5 Prozent. Im Gewerkschaftslager kommt keine wahre Freude auf, dass der Neo-Liberalismus nun doch seine guten Seiten zeigt. Wer mag da DGB-Chef Michael Sommer noch bei seinem Zeitarbeits-Genöle und Mindestlöhne-Gemaule zuhören, wenn die Arbeitslosigkeit sinkt und Gehaltssteigerungen freiwillig überwiesen werden. Während der Tariflohnverhandlungen im vergangenen Jahr hat noch keiner so recht an den Aufschwung und die Dynamik des weltweit wirkenden Kapitalismus glauben wollen und ebenso niedrige wie langlaufende Verträge abgeschlossen – ein strategisches Dilemma für die Gewerkschaften, wie sich jetzt zeigt, seit die Inflation mit bald erwarteten drei Prozent mehr wegfrisst, als sie erkämpfen konnten: Jetzt zeigt sich der Fluch des Euro, der von der Hart- zur Weichwährung mutiert.

Aber das absurdeste Ergebnis erleben die Arbeitnehmer, wenn das viele Brutto zu magerem Netto schmilzt. Gerade bei den weniger gut Verdienenden ist der Anstieg der Belastung am steilsten. So stellen in diesen Wochen erstaunte Arbeitnehmer fest, dass von jedem Euro Mehrverdienst und jedem Euro Erfolgsprämie 60 Cent als Steuern und Sozialabgaben abgezogen werden. Der wahre Feind des Arbeitnehmers sitzt nicht mehr in der Chefetage, sondern im Bundesfinanz- und Sozialministerium. Arbeitsministerin Ursula von der Leyen erfindet im Wochenrhythmus immer neue Gruppen von Ausgebeuteten und Entrechteten, denen geholfen werden muss. Und Bundesfinanzminister Wolfgang Schäuble hat ja recht: Deutschland ist katastrophal verschuldet. Kein Wort ist dran an der Haushaltskonsolidierung. Auch im XXL-Aufschwung erhöhen sich die Staatsschulden, ist das Spar-Gerede nur Propaganda-Papperlapapp. Jeden zusätzlichen Steuer-Euro aus dem Aufschwung hat Schäuble schon verplant. Die steile Steuerprogression wird nur von der Ausgabenexpansion einer durchgeknallten Euro- und Energiepolitik überholt: Im Fach Solidität will Berlin wohl ein Vorort von Athen werden.

Lange können sich die Gewerkschaften nicht mehr veralbern lassen. Bald werden sie Nachschlag fordern und spätestens 2012 bei Tariflöhnen zulangen müssen. Dann werden die steigenden Löhne in steigende Preise umgewandelt und Löhne und Preise sich gegenseitig vorwärts treiben, während vermutlich die Weltkonjunktur uns nicht mehr den Gefallen macht, jeden Daimler zu kaufen, den Winfried Kretschmann gerade noch gnädig vom Band rollen lässt. In Berlin fehlt eine Kraft, die die Ressort-Egoismen der Bundesminister zu einem Gesamt-Design verknüpft. So notwendig alle Haushaltskonsolidierung ist – es geht nicht gut, wenn im XXL-Aufschwung nach Abzug von Inflation und Steuern die Einkommen schrumpfen. Es ruht kein Segen darauf, wenn den Arbeitnehmern nichts extra bleibt, weil der Staat neue Ausgaben erfindet. Im magischen Dreieck des Aufschwungs müssen Steuer-, Einkommens- und Währungspolitik harmonisch gesteuert werden. Mehr Netto vom Brutto, ein Abflachen des Mittelstandsbauchs ist das Gebot der Stunde. Schneller wäre eine Senkung der Mehrwertsteuer umsetzbar. Das reißt zwar ein gewaltiges Loch in die Staatskassen – ein Prozentpunkt entspricht etwa neun Milliarden Euro. Sinkt die Mehrwertsteuer, könnten aber auch die Preise sinken, die Inflation bekäme einen Dämpfer. Der Binnenkonsum erhielte einen Schub quer durch alle Einkommensklassen. Aber die Steuern zu senken ist unpopulär, weil die politische Allparteien-Mehrheit in Berlin höhere Steuern und einen wachsenden Staatsanteil liebt. Aber lange werden die ausgebeuteten Bürger das nicht mehr mitmachen und ihren Anteil am Aufschwung XXL einfordern.

21.05.2011

Trittbrettfahrer
Über weltweite Abhängigkeiten

Nach dem Schock der Finanzkrise ist die Weltöffentlichkeit aufgerüttelt: Dem drohenden „Weltwährungskrieg" widmen sogar die Wirtschaftsweisen ein ratloses Kapitel in ihrem Jahresgutachten 2010. Es ist ein apokalyptisches Sprachbild. Tatsächlich hat die Weltwirtschaftskrise der Dreißigerjahre auch zu währungspolitischen Auseinandersetzungen und zu Handelskriegen geführt. Die Welt wurde ärmer, und die sozialen Spannungen waren einer der Gründe, die ausgehend von Deutschland zum Zweiten Weltkrieg führten. Sind wir schon wieder so weit? Wir sollten es gelassener angehen lassen. Diesmal wird die Welt nicht ärmer – sondern wohlhabender. Einer der Hauptgründe für die währungspolitischen Spannungen ist das starke Wirtschaftswachstum Chinas. Aber China hat die Bühne der Weltwirtschaft gerade vor kurzen zwei Jahrzehnten betreten. Der Aufstieg vom Habenichts zur größten Exportnation in dieser kurzen Zeitspanne kann nicht glatt und störungsfrei vor sich gehen. Dieses Wachstum ist erkauft durch niedrige Wechselkurse, die den Export begünstigen – ein Weg zum Wachstum, den bekanntlich auch

Deutschland nach 1945 ähnliche lange 20 Jahre beschritten hat. Das als so übermächtig wahrgenommene China ist zu weiterem Wachstum geradezu verdammt: 200 Millionen Chinesen leben von rund einem Dollar am Tag. Von dieser Hungerbasis ausgehend, entsprechen zehn Prozent Wachstum dem Wert eines Extra-Keks zum Kaffee in den reichen Starbucks-Ländern. China ist, um seine Massen zufriedenzustellen, verdammt zum Wachstum und hat errechnen lassen, dass eine 20-prozentige Aufwertung des Yuan in Amerika kaum Arbeitsplätze schaffen würde – aber in China Beschäftigung und Wirtschaftsleistung um drei Prozent fielen. Es ist es ein gutes Zeichen, dass China trotzdem eine schrittweise Aufwertung zulässt und versucht, vom Exportwachstum auf Konsum umzuschalten. Etwas Verständnis für die Verwerfungen hilft bei der Bewertung.

Auch das Anwerfen der Notenpresse in den USA, worüber sich neuerdings deutsche Regierungsvertreter so erregen, ist aus amerikanischer Sicht so verkehrt nicht: Dort droht keine Inflation, nirgends. Im Gegenteil – dort taumelt die Wirtschaft eher in die gefährliche Abwärtsspirale einer Deflation. Der schwache Dollar ist kein unfairer Währungstrick – sondern eher ein Ausdruck für wirtschaftliche Schwäche, und die Geldpolitik so ziemlich das letzte zur Verfügung stehende Mittel, den wirklichen Absturz zu verhindern.

Deutschland ist in dieser globalen Lage eher ein Trittbrettfahrer. Chinas Exportartikel werden auf Maschinen „made in Germany" gefertigt, und die neuen Superreichen in Shanghai lassen sich im BMW, Mercedes oder Audi chauffieren. Sollte in den USA die Wirtschaft und Nachfrage wieder anziehen, nun gut, dann müssen die Exportfrachter aus Hamburg und Bremerhaven auf den Weltmeeren statt linksrum wieder rechtsrum Kurs nehmen. Die Weltwirtschaft spaziert nicht auf einem gepflasterten Wachstumspfad, den Ökonomen so gerne zeichnen – sondern schaukelt sich mit regionalen Blasen und Verwerfungen hoch. Das führt zu schlaflosen Nächten – aber ist kaum vermeidbar. Es mag erschreckend sein, wie abhängig die großen Wirtschaftsregionen der Welt voneinander sind. Und es ist schwer zu entscheiden, wer stärker vom anderen abhängt: China von Amerika als Absatzmarkt oder Amerika von China als Kreditgeber.

Diese Abhängigkeit hat seit den Dreißigerjahren dramatisch zugenommen – und das Verständnis dafür ebenso, wie das G20-Treffen in Seoul zeigt. Auch globale Instrumente und Abstimmungsmechanismen gibt es ausreichend. Letztlich kann kein Land mehr ohne katastrophale Folgen aus diesem globalen Gleichgewicht der Blasen ausbrechen und ist auf Kooperation und Kompromisse angewiesen.

Im Kalten Krieg hat die Angst vor der Bombe zum Frieden gezwungen. Heute ist es die Angst vor dem Platzen einer Blase am anderen Ende der Welt.

13.11.2010

Schwarze Schmetterlinge
Über europäische Solidarität und fatale Schuldenlöcher

Kann der Flügelschlag eines Schmetterlings am Amazonas einen Tornado in Texas auslösen? An dieses Bild des Begründers der Chaostheorie, Edward Lorenz, fühlt man sich erinnert, nachdem eine klitzekleine Veränderung einen Wirbelsturm an den Weltbörsen ausgelöst hat. Statt „absolut risikolos" sind die Staatsschulden der USA von einer Ratingagentur auf „fast risikolos" umbenannt worden. Ein verlorenes A im Rating und ein kleiner rhetorischer Flügelschlag haben an den Börsen schon am ersten Tag so viel Kapital vernichtet, wie Spanien in einem ganzen Jahr erwirtschaftet. Die Chaostheorie untersucht, wie kleine Veränderungen sich zu gewaltigen Folgen auswachsen – bei Edward Lorenz Ursprungsanalyse der Wetterveränderung war es eine Rundung an der dritten Stelle hinter dem Komma seiner Ausgangsgleichung.

Der kleine Unterschied und das Börsengewitter sind nicht die Folge von ein paar mehr oder weniger eingesparten Milliarden im Haushalt von Barack Obama, sondern eine veränderte Risikowahrnehmung: Die letzte existierende Großmacht der Welt hat größten Ärger mit ihrem Kreditberater, und es ist keineswegs sicher, dass große und scheinbar mächtige Staaten noch ihre Staatsschulden bedienen können, die sie für immer neue Sozialausgaben und letztlich Stimmenkauf ausgegeben haben.

Das stellt aber das gesamte Geschäftsmodell der Staaten, auch in Europa, infrage: Bislang haben wir doch immer geglaubt, dass Staaten nicht verschwinden können wie Privatunternehmen, weil sie den Bürgern immer genug Steuern abpressen können, um die nächste Zinszahlung zu leisten. Man lese sich nur die Begründungen durch, mit denen im Deutschen Bundestag Ausgaben gerechtfertigt werden oder mit welcher Ignoranz in den Ländern gerade Milliarden verpulvert werden: Die 180 neuen Stellen für grün-rote Parteigänger in den Stuttgarter Ministerien sind danach ebenso „Investitionen" wie etwa die Beitragsfreiheit des dritten Kita-Jahrs in NRW.

Es ist der unerschütterliche Glaube, dass Geld, das der Staat für angeblich herzensgute Freundschaftsdienste ausgibt, vermehrt zurückfließt. Dieser Glaube ging spätestens in der vergangenen Woche verloren. Es ist die Woche, in der John Maynard Keynes ein zweites Mal zu Grabe getragen wurde: Seine Jünger predigen und predigen, dass, wer sich mehr Geld pumpt und als Staatsknete ausgibt, noch mehr zurückbekommt. Aber die Konjunkturprogramme, die weltweit nach der

Finanzkrise wirkten, müssten jetzt durch noch gigantischere Summen ersetzt werden – dummerweise sind die Kassen schon nach der ersten Runde ratzeputz leer und die Kasse selbst verpfändet.

Deutschland, dessen Staatsverschuldung gerade noch tragbar ist, wird durch einen weiteren Folgefehler getroffen: Der Euro und die Bereitschaft der Bundesregierung, als Bürge einzuspringen, haben die Schulden Griechenlands, Portugals, Irlands und womöglich des lahmenden Italiens zu unseren gemacht. Der Bundeshaushalt spiegelt uns noch eine Solidität vor, die in Wirklichkeit nur groteske Schuldenlöcher tarnt. Die Leistung der deutschen Industrie und ihre Exporterfolge könnten sich in der Finanzierungsfalle verfangen, die von den verschuldeten Staaten ausgelöst wird. Die Hoffnung auf einen wenigstens mittelfristig glatten Konjunkturverlauf zerschlägt sich, war immer nur eine (schöne) Illusion. Unternehmen und Private müssen mit Krisen leben lernen – es gibt eben doch zu viele schwarze Schmetterlinge am Amazonas.

13.08.2011

Gefährliche Carepakete
Rettungsschirm über Europa

Kommunikation funktioniert im Kontext. Manchmal sagt das mehr, was nicht gesagt wird. Die Botschaft liegt im Ungesagten; paradox und ungewollt. Seit Norbert Blüm plakatierte „Die Rente ist sicher", wissen alle: Jetzt ist die Rente unsicher. An diese Grundregeln der Kommunikation fühlte ich mich erinnert, als ich kürzlich die Anzeige las: „Der Euro ist notwendig." Diese Aussage wirft erst die Frage auf, die außer einigen Außenseitern noch keiner so direkt gestellt hat: Brauchen wir den Euro? Das Geld für diese Anzeige ist gut angelegt – allerdings nicht im Sinne der Auftraggeber. Noch am selben Tag wurden etwa von anderen Wirtschaftsverbänden Fragen gestellt wie: Wer profitiert denn tatsächlich von den Hilfsmilliarden für Griechenland – der Werftarbeiter in Piräus oder der U-Boot-Lieferant ThyssenKrupp in Essen, der die Anzeige unterzeichnet hat?

Damit ist die Debatte über die Existenz des Euro eröffnet – das Schlimmste, was einer Währung überhaupt passieren kann. Das Beste, was man über den Euro sagen kann, ist: Er ist wirklich erstaunlich robust, was sich darin zeigt, dass es ihn noch gibt. Denn seit 13 Monaten wird an immer fantastischeren Rettungsschirmen gebastelt, und seit 13 Monaten drücken die Bruchpiloten der Währungspolitik in ihrem Cockpit auf irgendwelche Knöpfe, fummeln am Steuerknüppel und fuhrwerken an den Pedalen. Die Folge ist, dass es nun nicht mehr nur um Hilfsmilliarden für Griechenland, Portugal, und – das Land haben wir fast vergessen – Irland geht, sondern um die Stabilität und die Existenz der Währung selbst. Diese Debatte hat derzeit sogar positive Auswirkungen auf Deutschland. Denn in den vergangenen Jahrzehnten haben die Deutschen immer neue Milliarden ins Ausland transferiert – in die Niederlassung in Spanien, die Finca auf Mallorca, das Ferienhaus auf dem Peloponnes.

Neuerdings bleibt das Geld zu Hause und treibt die Preise für Immobilien in München, Düsseldorf, Hamburg und sogar Berlin. Auch die steigende Investitionsgüternachfrage in Deutschland ist Folge der Geldschwemme – gespeist vom billigen Geld aus der Notenpresse und aus der Kapitalflucht aus den Süd-Ländern. Mittlerweile holen Griechen der Mittelschicht nach, was seit Onassis die Reichen vorgemacht haben: Lieber heute ein Konto in Deutschland auffüllen als warten, bis sich in Athen der Euro zu einem Bündel Drachmen entwertet.

Aber vertrauensfördernd ist das nicht. Das kann man auch in den kaum beachteten Veröffentlichungen des neuen Bundesbank-Präsidenten Jens Weidmann nachlesen. In verklausulierter Sprache kritisiert er, wie das Regelwerk der Europäischen Zentralbank aufgeweicht wurde: Von der „Monetarisierung von Staatsschulden" ist die Rede, von der Gefährdung der Geldwertstabilität, der fortschreitenden Auflösung der Grenze zwischen Finanzpolitik und Geldpolitik. Versteckt findet sich der Satz: Es sei „das Vorrecht und die Pflicht der Finanzpolitik und der nationalen Parlamente, zu entscheiden, ob sie weitere finanzielle Mittel für eine Fortsetzung des Hilfsprogramms bereitstellen". Heißt: Der Deutsche Bundestag muss entscheiden, ob er Milliarden nach Athen überweist – der bisherige Weg über die Geldpolitik der Europäischen Zentralbank fördert dagegen Inflation.

So viel Unabhängigkeit und Kritik am Regierungskurs erstaunt – stammt sie doch vom bisherigen Wirtschaftsberater der Kanzlerin; also einem Mann, den viele für einen Handlanger Merkels in der Deutschen Bundesbank hielten. Kompliment für diesen Mut – der ihm allerdings, und das erklärt die geringe Beachtung, in der Öffentlichkeit noch nicht abgekauft wird. Paulus wird noch Saulus genannt.

Dechiffriert man Weidmann, erkennt man aber auch, wie brenzlig die Lage längst ist. Und zwar nicht nur für das Euro-System, sondern wieder einmal für das Weltwährungssystem.

25.06.2011

Die Bürde der Bürger
Von Bürgschaften und Milliardentransfers

Zu Dionys, dem Tyrannen, schlich Damon, den Dolch im Gewande – so hebt Friedrich Schillers große Ballade „Die Bürgschaft" an. Sie wird gelesen als Hohelied höchster Freundestreue. Hier die Internet-Variante: Damon, der Möchtegern-Tyrannenkiller, wird ertappt und zum Tod verurteilt. Er erhält noch schnell drei Tage Freigang, um seine Schwester zu verheiraten. Als Bürge geht sein Kumpel in den Knast. Damon kriegt die Schwester zwangsverheiratet, aber ist per Bahn unterwegs. Die ist verspätet, mit dem Ende des Freigangs aber wird der Freund kaltgemacht und Damon haut deshalb richtig rein. Er kommt gerade noch pünktlich, um den Kumpel zu befreien: „Mich, Henker", ruft er, „erwürget! Da bin ich, für den er gebürget!"

Deutschland ist in der Rolle des Bürgen. Wir stehen mit der märchenhaften Summe von 148 Milliarden Euro bereit, anderen Staaten des Euro-Währungsverbundes die Schulden zu bezahlen. Im Mai schien diese Summe, Teil des 750-Milliarden-Rettungsschirmes, mehr als ausreichend groß. Auf drei Jahre war die Laufzeit befristet. Das erschien genug Zeit zu sein, in der Griechenland und Irland, aber auch Portugal und Spanien ihre Schulden selbst bewältigen können. Aufflammende Steuerzahler-Ängste wurden mit dem Hinweis weggewischt, dass „bürgen" ja nicht „zahlen" heiße, sondern nur eine Art Garantie darstelle, die so schnell verfalle wie sonst nur eine vom griechischen Gebrauchtautohändler „Dionys Cars".

Im November nun das, was bei Bürgschaften häufig geschieht: Statt zu schrumpfen, wuchs die Schuldenlast der Problemstaaten so gewaltig, dass sie diese aus eigener Kraft nicht bewältigen können. Diese Erkenntnis setzt einen Teufelskreis in Gang: Die irrwitzigen Milliardenbeträge aus der Inanspruchnahme der Bürgschaften könnte die Haushalte auch der leistungsstärkeren Staaten in einem Maße belasten, dass sogar Frankreich Schwierigkeiten kriegen könnte. Durch den Ausfall immer weiterer Bürgen aber steigt die Belastung für den Stärksten im Bunde, für Deutschland. Weil beim Geld die Freundschaft aufhört, kracht es nun in der Europäischen Union. Was vor einem halben Jahr noch als Schwarzseherei gegeißelt wurde, ist heute Realität: Die Europäische Währungsunion befindet sich im „Überlebenskampf", so EU-Ratspräsident Herman Van Rompuy. Die Summen sind gewaltig; nur noch von jenen übertroffen, die durch Nicht-Handeln entstehen oder durch das Ende der Europäischen Union – der ultimativen Katastrophe.

Auch das bisher geübte Ablenkungsmanöver, es seien nur ein paar Spekulanten in die Flucht zu jagen, zieht nicht mehr. Es sind die öffentlichen und privaten Schulden, die gemessen an der wirtschaftlichen Leistungsfähigkeit zu hoch sind. Und es zeigt sich, dass eine gemeinsame Währung ohne gemeinsame Wirtschafts- und Finanzpolitik nicht gut funktionieren kann. Der dumme Krieg unbedachter Wörter der EU-Partner verunsichert die Märkte weiter. Der Vorrat an Gemeinsamkeit zwischen den Staaten der Union scheint in der Euro-Krise verbraucht zu sein. Und wir kennen das schon aus der Finanzkrise: Banken, die sich wie eine scheue Schafherde verhalten, nehmen den Steuerzahler in Haft für ihre unverantwortliche Kreditvergabe. Also könnten in den kommenden Monaten Bürgschaften fällig werden, um die Konstruktionsfehler der Währungsunion zu beheben. Aus Bürgschaften aber werden schnell Milliarden-Transfers, wenn die Empfänger erkennbar nicht in der Lage sind, die Kredite zu bedienen. Deutschland bürgt nicht nur für treue Freunde, sondern auch für eine Transferunion, in der jeder die Hand möglichst tief in der Tasche des Nachbarn hat.

Bei Schiller ist der Tyrann lernfähig. „Und die Treue, sie ist doch kein leerer Wahn – So nehmet auch mich zum Genossen an. Ich sei, gewährt mir die Bitte, in eurem Bunde der Dritte." Gefühle kennen die Finanzmärkte nicht, und anders als bei Schiller droht in der EU, wenn nicht schnell eine Einigung erfolgt: Der Bürge ist am Ende der Dumme.

26.11.2010

Das Reich der Mitte
Über wechselseitige Abhängigkeiten

Es ist in diesen Tagen nicht leicht in Deutschland, sich als überzeugter Europäer zu geben – mit jedem neuen griechischen Erpressungsmanöver sinkt das Vertrauen in die europäische Währung und in die Europäischen Union. Manches ist leicht erklärbar – viele Errungenschaften wie Reisemöglichkeiten ohne Grenzkontrollen werden als (zu) selbstverständlich konsumiert; die Staatsschuldenkrise verschärft die Verteilungsfragen. Die Mitgliedsländer aus Süd- und Osteuropa haben eine neue Fremdheit ins bislang westeuropäische Haus mitgebracht. Auch in der Politik wurde der Umgangston rauer, kompromissloser. Gerade in Deutschland, das während seiner Bonner Jahre wegen seiner prekären Lage zwischen Ost und West fest eingebettet war, wachsen die Zweifel: Der selbstverständliche Wohlstandszuwachs in Deutschland mündete nach der Wiedervereinigung in wirtschaftlicher Stagnation für die abhängig Beschäftigten – auch mit Brüsseler Hilfe und aus eigener Kraft haben die Nachbarländer im Lebensstandard vielfach überholt. Deutschland wurde seither demografisch bedingt älter, unbeweglicher, sein Sozialstaat unterfinanziert, seine Währung, der Garant für Wachstum und Stabilität, aufgegeben. Diese depressiv-defensive Haltung dreht sich, seit Deutschland wieder zum wirtschaftlichen Motor Europas wurde: Europa erscheint plötzlich als Bremsklotz für die dampfende und stampfende deutsche Exportmaschine.

Fast ein Drittel aller europäischen Exporte ist made in Germany und sogar rund 45 Prozent des EU-Außenhandels mit China entfallen auf Deutschland; so viel bringen Frankreich, Italien, England, Holland und Spanien nur gemeinsam auf die Schiffe Richtung Fernost. Der Zahlmeister bestellt die Musik – und kommt gar nicht auf die Idee, dass beispielsweise seine Energiepolitik mit den Nachbarn auch nur besprochen wird. „Noch nie war Deutschland in Europa so wichtig – und gleichzeitig so isoliert", formuliert der Thinktank European Council on Foreign Relations. Nach den Jahren der Bonner Bescheidenheit und alten europäischen Gewissheiten tritt deutsche Politik im auf Pump aufpolierten Pomp seiner Hauptstadt wieder ebenso herrisch wie neureich auf, kanzelt die Nachbarländer ab – und überweist dann doch kleinlaut die nächste Rate der Euro-Hilfe nach Athen, Dublin oder Lissabon.

Berlin hat seine Rolle im neuen Europa noch nicht gefunden. Nicht nur die Bilder erinnern fatal an den Kaiser der Peinlichkeiten, Wilhelm Zwo. Auch die intellektuelle Dürftigkeit seiner Europapolitik, die weinerlich vorgeführte Sprach- und Alternativlosigkeit, machen Sorge. In der Bevölkerung und in vielen Führungsetagen setzt sich die Berliner Fragwürdigkeit in eine neue Selbstgewissheit um – Europa brauche Deutschland schließlich mehr als Deutschland Europa. Daran ist vieles wahr: Länder wie Norwegen und die Schweiz am Rande oder außerhalb der EU haben Deutschland den Rang abgelaufen, wenn Wohlstand, Wohlbefinden und Wachstum gemessen werden.

Aber dabei wird übersehen, wie fragil die derzeitige Konjunkturlage in Deutschland ist: Die Abhängigkeit der selbstgefälligen Auto- und Maschinenbauer in Schwaben oder Bayern von der Nachfrage der neuen Reichen und Mächtigen aus China und Indien hat auch beängstigende Züge – ohne Rückhalt im großen europäischen Heimatmarkt wären sie ohnehin verloren. Schon heute kann die deutsche Wirtschaft und Politik der auftrumpfenden Machtdemonstration Chinas kaum etwas entgegensetzen – Auseinandersetzungen um geistiges Eigentum, Zwänge zur Fertigung vor Ort und offene Diskriminierung im globalen Handel sind die Vorzeichen dafür, dass die Globalisierung in einer Welt mit Großmächten wie China und Indien weniger gemütlich sein wird als mit dem gutwilligen, deutschlandfreundlichen Hegemon USA. Deutschland ist als Weltmacht zu klein und als Wirtschaftsmacht zu groß, um auf Europa verzichten zu können.

04.06.2011

Wenn Kühlschränke Kult sind
Made in Germany ist wieder gefragt

Michael Jackson war vermutlich der letzte globale Popstar; Brad Pitt und Angelina Jolie sind das letzte universelle Götterpaar der Leinwand. Die Welt der Unterhaltungsindustrie ist längst in drei auseinanderdriftende kulturelle Kontinente zerfallen; ein Vorgang, der der wirtschaftlichen und politischen Sphäre noch bevorsteht: Die Welt wird multipolar, geprägt von drei Großmächten. Die Stars in China und Indien werden nicht in Hollywood gemacht, sondern in Mumbai oder Hongkong. Indien produziert doppelt so viel Filme wie Hollywood, gefolgt von Nollywood – den Filmfabriken Nigerias, die Afrika mit dem Stoff für Träume versorgen. So wenig wir die Stars von Bolly- und Nollywood kennen, kennen wir die Musikstars – etwa Emraan Hashmi, der mit seinem Clip zum Film „Haal-e-Dil" Platz eins der indischen Musikvideo-Hitparade innehat, vor „Lk Junoon" aus dem Soundtrack des Films „Zindagi Na Milegi Dobara". Wir träumen ja noch auf Englisch, singen US-Songs von Love and Freedom, leben den amerikanischen Way of Life. Wir teilen noch die Wertvorstellung für Hamburger, Individualismus und persönliche

Freiheit, wie sie in den Filmen aus Hollywood vorgelebt wird, und wir bewundern noch uneingeschränkt deren Stars und ihre Konsumvorlieben. Die kulturelle Hegemonie der USA nach 1945 wuchs mit ihrer wirtschaftlichen Bedeutung – und schrumpft jetzt mit ihr.

Unangefochten die Nummer eins sind die USA mit ihrer militärischen Fähigkeit. Ihre sieben Kampfgruppen mit Flugzeugträgern und Begleitarmada beherrschen jeden Punkt der Welt. Aber schon in die Raumstation müssen sich Astronauten um eine Mitfahrgelegenheit auf einer russischen Rakete vom Raumbahnhof in Baikonur aus bemühen. Irgendwann folgt auch die militärische Macht dem wirtschaftlichen Schmelzprozess und der verblassenden kulturellen Strahlkraft.

Und die Zeit ist längst vorbei, in der ein in Hessen stationierter wehrpflichtiger GI wie Elvis Presley mit seinem Hüftschwung ganz Deutschland verrückt machte – das alte Deutschland wegen seiner rotzigen Aufmüpfigkeit und das junge wegen der erwachenden Lust am Ausbrechen aus dem Nachkriegsmief.

Und wo befindet sich Deutschland in der Kontinentaldrift? Kulturell sind war ja unwichtig, nur auf der Backlist mit in Hongkong digitalisierten Werken von Goethe und Beethoven zu finden. Wir positionieren uns als eine große Schweiz: So solide wie bieder, aber den Lieferanten von Werkzeugmaschinen muss man ja nicht bewundern, sondern nur pünktlich bezahlen. Unser Erfolg ist, dass die am schnellsten wachsende Nation der Welt, der asiatische Mittelstand, gerade eine Vorliebe für deutsche Konsumgüter entwickelt – von Miele bis Mercedes, vom Bosch-Hammer bis zum BMW. Lange hat ja auch die Schweiz die Welt sehr erfolgreich mit Taschenmessern und Uhren versorgt. Solche Bescheidenheit schützt davor, zur Projektionsfläche für islamistischen Terror zu werden. Wir sind zwar im Weltmaßstab klein. Aber es reicht, um sich neben unseren weniger wirtschaftlich tüchtigen europäischen Nachbarn als die Größten zu fühlen.

Sollten Sie Ihren Herrenschneider um Rat fragen bezüglich Gewand und Konjunktur im Herbst, wird er Ihnen zu wertigen, handwerklich gut verarbeiteten und nachhaltigen Materialien raten, in Hellbraun und Dunkelblau, zu Kaschmir und Seide. Mailand macht Schluss mit aufgeblasenen Michelin-Männchen und Nylon-Bombern, verrät mir die fachkundige Textilwirtschaft, mehr Schliff, mehr Schnitt, mehr Eleganz, kniebedeckte Röcke und bloß nichts Grelles mehr, verehrte Damen: Nur für den Eingeweihten soll Qualität erkennbar sein, Reiz und Verführung dürfen nur auf den zweiten Blick auffallen – das Gegenmodell der von Silvio Berlusconi präferierten Trash-Queen. Wir sind wieder wer mit Geld, signalisiert die Mode dem Kenner und versteckt diese Botschaft vor neidischen Blicken; unauffällig lebt es sich besser zu Zeiten wachsender Unsicherheit.

23.07.2011

Eurokalyptische Reiter
Wir retten den Euro zu Tode

Bei den Anstrengungen der europäischen Politik, mit allen Mitteln den Euro zu retten, fühlt man sich an mittelalterliche Darstellungen der apokalyptischen Reiter erinnert – die europäische Politik hat das Zeug zur biblischen Plage. Das kann nicht gut gehen.

Der erste Reiter der Apokalypse symbolisiert das Versagen der Politik: Der Euro ist so konstruiert, dass jedes Mitgliedsland unbegrenzt Schulden machen darf (dass der Maastricht-Vertrag das Gegenteil sagt, zeigt nur, wie unglaubwürdig Politik ist). Dafür werden Staatsschuldverschreibungen an Banken verkauft, die diese bei der Europäischen Zentralbank (EZB) einreichen, dafür billigen Kredit erhalten und weitere Staatsschuldverschreibungen kaufen. Nachdem selbst den Gier-Banken dieser nie mehr rückzahlbare Schuldenberg zu gefährlich wurde, kauft nun die EZB die Staatsschuldtitel von Griechenland, Portugal, Italien und Spanien für bislang Hundert Milliarden. Das wirkt, als ob sie direkt Geld für die Schuldenschurkenstaaten druckt. Wer, wie Deutschland, langsamer Schulden macht, soll die Schulden der anderen finanzieren. Rettungsschirme verschleiern immer neue Schulden über die Gelddruckmaschine und die Umverteilung.

Der zweite Reiter der Apokalypse steht für die organisierte Unwirtschaftlichkeit und den Zerfall Europas. Wer die Löhne niedrig hält, um wettbewerbsfähig zu bleiben, ist der Dumme. Denn die Mittel dienen dazu, den Freizeitpark staatlicher Scheinbeschäftigung in Südeuropa zu finanzieren. Deshalb stagnieren die Löhne in Deutschland, auf deren Kosten der Wohlstand in Südeuropa wächst. Das sei ein Gebot der Solidarität, sagt die Politik. Einige fordern, dass deshalb eine europäische Wirtschaftsregierung korrigierend eingreift. In dieser Regierung hätten – wie im Direktorium der EZB – wiederum die Nehmer-Länder die Mehrheit. Damit aber wird sich nichts zum Guten ändern, es wird mit dem Namen der Wirtschaftsregierung nur die Euro-Verarmungsmaschine geschmiert. Wie lange lassen sich die Menschen in Deutschland, Finnland, Österreich und den Niederlanden das gefallen? Diese Politik zerstört die Idee vom vereinten Europa – eine schreckliche Vision.

Der dritte Reiter der Apokalypse steht für organisierte Verarmung. Mit Euro-Bonds soll Deutschland künftig für die hohen Staatsschulden der anderen garantieren und die Spekulation ausgeschaltet werden. Aber tatsächlich würde diese durch Euro-Bonds nur noch mehr angeheizt. Ängstliche Anleger werden die Frage stellen: Wie lange kann Deutschland die Schulden Italiens und Spaniens tragen? Damit geraten dann auch die Bundesschatzbriefe in den Abwärtssog. Vorsichtige Anleger werden sie verkaufen, denn: Egal, ob Deutschland nur für 50 oder 60 Prozent der italienischen Staatsschulden haftet – es übertrifft in jedem Fall die Leistungsfähigkeit der deutschen Wirtschaft. Zunächst wird Wackelkandidat Frankreich sein Triple-A-Rating verlieren, und weil Deutschland dann auch für Frankreich haftet, schließlich auch Deutschland. Dann steigen die Zinsen und torpedieren die Investitionskraft der deutschen Wirtschaft. Europa ist, wenn alle gleich arm sind? Sie arbeiten trotz gegenteiliger Beteuerung an Euro-Bonds, indem sie das Märchen von der Wirtschaftsregierung erzählen.

Der vierte apokalyptische Reiter ist die Inflation. Die EZB baut sich gerade ein neues Hochhaus – die glänzende Fassade verbirgt, dass die EZB nach der Pfeife der Politik tanzt, jede Menge Geld für die Inflation von morgen druckt und als Gegenwert nur noch wertlose Staatsanleihen verwahrt. Die Menschen beginnen, vor dem Euro zu fliehen, der Dax stürzt ab, und wenn das Wirtschaftswachstum stagniert, sind auch unsere Schulden nicht mehr finanzierbar. Ist das nur eine düstere Vision? Nein. Die politische Klasse verteidigt ihr Projekt Euro. Koste es, was es wolle. Für sie ist es immer noch billiger als sparen.

20.08.2011

Roland Tichy studierte in München und New Orleans Volkswirtschaft, Politik und Kommunikationswissenschaften. Nach zwei Jahren im Planungsstab des Bundeskanzleramts wechselte er als Bonner Korrespondent zur WirtschaftsWoche. Nach der Wiedervereinigung war er als Stellvertreter des Rundfunkbeauftragten der Neuen Länder für die Neugestaltung der elektronischen Medienlandschaft in den Neuen Ländern mitverantwortlich.

Er arbeitete für namhafte deutsche Wirtschaftsmagazine und als Medienberater für große Unternehmen.

Für das Handelsblatt leitete er das Berlin Büro. Seit 2006 ist er Chefredakteur der Wirtschafts-Woche. Vielen Lesern ist er bekannt durch seine Kolumne Tichys Totale, für die er 2008 mit dem Ludwig-Erhard-Preis für Wirtschaftspublizistik ausgezeichnet wurde. Seine Kolumnen hat er 2009 erstmals in Buchform veröffentlicht.

Weitere Bücher schrieb Roland Tichy zum Thema Einwanderung und Bevölkerungsentwicklung, u.a. „Ausländer rein" und „Die Pyramide steht Kopf" (zusammen mit Andrea Tichy).

Exklusiv-Angebot
Früher informiert

Nutzen Sie Ihre Vorteile:

- Sie erhalten die entscheidenden Wirtschaftsinformationen vor allen anderen

- Sie profitieren vom größten internationalen Korrespondenten- und Partner-Netzwerk

- **PLUS:** Erweiterte Wissensbasis für erfolgreiche Entscheidungen mit dem kostenlosen Zugriff auf das digitale Archiv von Handelsblatt und WirtschaftsWoche

Sichern Sie sich am besten direkt Ihr Exklusiv-Angebot mit 35 % Preisvorteil.

sein.

Unser Exklusiv-Angebot:

- 10 Wochen genau das Wichtigste schon samstags erfahren
- 35% Ersparnis gegenüber dem Einzelkauf
- Attraktives Geschenk Ihrer Wahl
- Lieferung frei Haus
- Kostenloser Zugriff auf das digitale Archiv von Handelsblatt und WirtschaftsWoche

Jetzt direkt bestellen unter:
Tel. 018 05 / 99 00 20
(14 Ct./Min. aus dem dt. Festnetz, ggf. abw. Preise aus Mobilfunknetzen)
oder www.wiwo.de/miniabo

Klartext zu Europa

Roland Tichys Editorialsammlungen zur gegenwärtigen Krise

Detmar Doering schreibt in der Neuen Züricher Zeitung:
„Er kämpft mit einer der schärfsten Federn unter den deutschen Wirtschaftskommentatoren: Roland Tichy, Chefredaktor der deutschen «WirtschaftsWoche», hat sich mit seinen prägnanten Editorials «Tichys Totale» eine feste Fangemeinde unter den verbliebenen Anhängern der Marktwirtschaft in Deutschland geschaffen. Nur wenige können sich mit ihm messen, wenn es darum geht, komplexe Fragen der gegenwärtigen Wirtschaftspolitik auf den Punkt zu bringen. Diese Editorials sind es in der Tat wert, nach einiger Zeit in Buchform gesammelt herausgegeben zu werden."

Der erste Band von Tichys Totale lässt die Finanzkrise mit ihren Ursachen und Folgen Revue passieren. Der zweite Band reflektiert die deutsch-europäische Identitätssuche sowie die konfliktreiche Diskussion um Europas Zukunft. Der nun vorliegende dritte Band schließlich setzt sich mit der Frage auseinander, wohin Deutschland aufgrund der Eurokrise und des Atomausstiegs steuert.

Roland Tichy
Tichys Totale – Gesammelter Einblick 2007-2009
Quell Edition,
November 2009
120 Seiten, Hardcover,
14,90 Euro
ISBN 978-3-9812667-1-9

Roland Tichy
Tichys Totale – Wohin treibt Europa
Quell Edition,
Oktober 2010
112 Seiten, Hardcover,
14,90 Euro
ISBN 978-3-9812667-3-3

Roland Tichy
Tichys Totale – Wende-Jahre: Wohin steuert Deutschland?
Quell Edition,
Oktober 2011
136 Seiten, Hardcover,
14,90 Euro
ISBN 978-3-9812667-6-4

Quell: der Verlag für nachhaltiges Leben

Nachhaltigkeit hat viele Facetten. Sie reicht vom Dreiklang von Ökologie, Ökonomie und Sozialem bis hin zum bewussten Konsum.

Mit seinen Publikationen widmet sich der Quell Verlag dem Thema Nachhaltigkeit in allen Lebensbereichen:

Die Zeitung Quell berichtet vierteljährlich über Konsumentscheidungen und Verhaltensweisen, die zu einem nachhaltigen Lebensstil gehören.

Die Bücher der Edition Quell greifen sowohl Themen einer zukunftsorientierten Gesellschafts- und Wirtschaftspolitik auf als auch Themen der eigenverantwortlichen Lebensgestaltung.

Mehr über unser Verlagsprogramm finden Sie unter:

www.quell-online.de/shop/lesenswert.